Zur Vertheidigung

der

Organischen Methode

in der

Sociologie

von

Paul v. Lilienfeld.

Berlin,
Druck und Verlag von Georg Reimer.
1898.

Vorwort.

Die Methodenlehre der Sociologie bildete den Hauptgegenstand der Berathungen des dritten internationalen sociologischen Congresses, der im vorigen Jahre in Paris getagt hat, und den zu präsidiren ich die Ehre hatte. Die Arbeiten des Congresses sind in dem kürzlich in Paris erschienenen vierten Bande der Annales de l'Institut international de Sociologie veröffentlicht worden. — Ueber die Methodenlehre selbst wurden auf dem Congresse verschiedene, ja entgegengesetzte Ansichten vertreten. Die organische, psychologische, historische, statistische, die anthropologische und ethnographische vergleichende Methoden fanden ihre Vertheidiger. Es handelte sich dabei nicht blos um die Art und Weise des Vorgehens bei Erforschung des socialen Geschehens, sondern vielmehr darum, ob die Sociologie als positive Wissenschaft sich der Biologie anschliessen oder als eine von der Naturkunde losgetrennte Disciplin anerkannt werden soll.

Die Wichtigkeit dieser Frage hat mich bewogen, die vorliegende Schrift zu veröffentlichen. Meinem Ausgangspunkte habe ich die neuesten Ergebnisse der Physiologie und positiven Psychologie zu Grunde gelegt; die philosophische Seite der von mir vertretenen Anschauung habe ich jedoch in dieser Schrift nur flüchtig streifen können und auf so manche Ausführungen verzichten müssen, um nicht aus dem mir vorgezeichneten Rahmen hinauszutreten. Aus demselben Grunde war ich auch öfters gezwungen im Verlaufe meiner Erörterungen zu ihrer Begründung mich auf mein Hauptwerk: „Gedanken über die Socialwissenschaft der Zukunft“, sowie auf meine später erschienenen Monographieen zu berufen.

Das Interesse, das die Sociologie in der letzten Zeit auch in Deutschland hervorgerufen hat, wird hoffentlich nicht ermangeln, frische Kräfte in den Bereich dieser Wissenschaft hineinzuziehen und mit ihrer Hilfe die wichtige Frage über die Methode in der Sociologie zur Entscheidung bringen.

St. Petersburg, März 1898.

Der Verfasser.

Seitdem der Mensch dem thierischen Zustande entwachsen ist, hat er stets im gesellschaftlichen Verbande mit Seinesgleichen gelebt. Die rein menschlichen Anlagen, Gaben und psychischen Energieen hat er nur im Verkehr mit anderen Menschen erworben. Nur durch das sociale Leben ist der Vormensch zum Urmenschen und dieser zum Culturmenschen allmählig geworden. Mit dem Menschen entstand somit auch die menschliche Gesellschaft. In seinen Bedürfnissen, Strebungen und geistigen Anlagen stand wohl der Urmensch der höheren Thierspecies, von welcher er abstammte, näher, er befand sich in engerer Abhängigkeit von dem ihn umgebenden physischen Medium, als seine Nachfolger, aber er fühlte, dachte und wirkte schon ursprünglich nach denselben Gesetzen wie heutigen Tages der Culturmensch. Desgleichen und aus denselben Gründen folgte die menschliche Gesellschaft bereits von ihrem Urzustande an denselben Grundgesetzen und bot dieselben wesentlichen Erscheinungen dar, wie auch die modernen höchstentwickelten Staatsbildungen. Auf allen Stufen des historischen Entwickelungsprocesses der Menschheit verblieben die Grundelemente der socialen Wechselwirkung zwischen den einzelnen Gliedern der Gesellschaft, blieb ihr innerer Aufbau, blieben die Beziehungen zur Aussenwelt dem Wesen nach dieselben. Die Uebergänge von einem niederen Entwickelungsstadium zu einem höheren wurden nur Schritt vor Schritt bewerkstelligt und durch allmählige und meistentheils kaum merkbare Umgestaltungen und Veränderungen gekennzeichnet. Die äusseren Conflicte zwischen einzelnen Gesellschaftsgruppen, die zu Eroberungen, politischen Umwälzungen, ja, zur Ausrottung ganzer

Völkerschaften und Racen geführt haben, widersprechen dieser Anschauung ebenso wenig, wie solches der Zusammenstoss zwischen einzelnen Individuen thun könnte. Der Sieger stellt seinerseits gleichfalls ein nur allmählig historisch erworbenes Capital von persönlichen physischen und psychischen Energieen dar. Es handelte sich also dabei immer nur um eine äussere Verdrängung und Vernichtung der schwächeren, unentwickelteren Elemente durch quantitativ oder qualitativ stärkere oder höhere. Aber letztere sind, wie gesagt, auch, wenn auch unter anderen Himmelsstrichen und anderen physischen und socialen Beeinflussungen, nur allmählig entstanden. Sie stellen, gleich den schwächeren und niederen Elementen, auch nur Etwas durch sociale Evolution Gewordenes dar. Verfolgt man die Entstehung und den Entwickelungsgang der stärkeren und höheren socialen Elemente in ihrem kausalen Zusammenhange, so überzeugt man sich, dass auch in Betreff letzterer die Uebergänge vom Niederen zum Höheren stets nur allmählige waren. —

In welchem Verhältnisse stehen nun die Gesetze, durch welche die Entwickelung der menschlichen Gesellschaft bedingt wird, zu denjenigen allgemeinen Gesetzen, nach welchen die anorganischen und organischen Energieen in der Natur wirken?

Zuvörderst muss entschieden werden, ob es überhaupt logisch möglich ist, die Existenz von zwei getrennten, absolut von einander verschiedenen Systemen von Gesetzen, durch welche der Kausalzusammenhang der Erscheinungen bestimmt wird, anzuerkennen. Wird solches zugestanden, so muss die Erscheinungswelt selbst in zwei absolut von einander verschiedene Hälften gespalten werden. Nun stellt aber die Erscheinungswelt ein ewiges Fliessen von Energieen dar, und wenn auch an einigen Theilen des gemeinschaftlichen Stromes ein zeitweiliges Gleichgewicht, ein scheinbares Erstarren der Kräfte eingetreten ist, wie solches bei der Bildung der festen Körper der Fall ist, so liefern letztere doch immer noch Zeugnisse ihrer gemeinschaftlichen Abzweigung und Herkunft aus einem und demselben gemeinschaftlichen Strome. Dasselbe gilt auch von den jetzt existirenden so mannichfach differencirten und in so bestimmten Formen sich entwickelnden Lebewesen. Ihre gemeinschaftliche Abkunft aus einer und derselben ursprünglichen Lebensquelle kann bis an die Grenzen der anorganischen Natur, mit der sie zusammenfliesst, verfolgt werden. Kaum wird das metaphysische Secirmesser behufs Spaltung der Erscheinungswelt an einem Punkte angelegt, so entzieht sich das Object einer solchen Operation der Wahrnehmung des Beobachters, indem es mit den verwandten, in Zeit, Raum oder Potenz nächstliegenden Erscheinungen zusammenfliesst. Man hat wohl Versuche angestellt, Subject von Object, die innere Welt von der äusseren, zu theilen. Aber der Mensch ist zugleich Subject und Object. Er kann über die Erscheinungswelt nur durch Vermittelung von Sinnesperceptionen subjectiv urtheilen, aber die Sinne selbst bilden nur Theile des menschlichen Körpers und dieser bildet wiederum nur einen Theil der Erscheinungswelt. Daher ist es unmöglich, weder vom subjectiven noch vom objectiven Standpunkte aus, zu ergründen, was die Naturkräfte, die Gefühle, die Ideen an und für sich sind. Wir wissen nur, wie Göthe richtig ausgesprochen hat, dass im Subject ein gesetzmässiges Etwas ist, was dem gesetzmässigen Etwas im Object entspricht. Die Gesetzmässigkeit ist also das Eine gemeinschaftliche und die ganze neuere Philosophie, sowohl die idealistische als auch die materialistische, hat sich gerade zur Aufgabe gestellt diese Einheit alles gesetzmässigen Werdens auf verschiedenen Wegen zu ergründen.

Wie es kein absolutes Subject und kein absolutes Object giebt, so kann es auch keine absolut subjective, aprioristische und deductive im Gegensatz zu einer absolut objectiven, beobachtenden und inductiven Methode geben. Bei Ergründung der Gesetzmässigkeit der Erscheinungen kann es sich daher immer nur um ein Mehr oder Weniger der beiden Methoden handeln. Dieses Mehr oder Weniger drückt aber gerade der Methodenlehre ihren eigentlichen Charakter auf. Die Naturkunde bedient sich einer Methode überwiegend inductiven Charakters und verdankt der Anwendung derselben ihre ungeheuren Erfolge. In der Sociologie ist man aber bis jetzt vorzugsweise aprioristisch, deductiv vorgegangen. Die Resultate dieses Vorgehens sind bis jetzt nur negative gewesen. Man hat einen vollständigen Wirrwarr auf sociologischem Gebiete dadurch verursacht ohne irgend ein sociales Gesetz zu entdecken. Denn das, was einige Oekonomisten, Statistiker, Ethnographen, Historiker und auch Sociologen als sociale Gesetze ausgeben, kann nur auf einen züfälligen Kausalzusammenhang zwischen einzelnen Beziehungen, Personen oder Begebenheiten zurückgeführt werden. Dass unter gewissen Verhältnissen die Erhöhung der Brodpreise mit einer Vermehrung der Verbrechen und der Selbstmorde zusammenfällt, ein solcher aus einer grossen Zahl zufälliger Factoren bestimmter Parallelismus entspringt noch nicht einem nothwendigen Gesetze. Noch weniger kann die Gesetzmässigkeit auf socialem Gebiete von mittleren Zahlen oder Grössen, aus einer noch so langen Reihe von Daten und Ziffern abgeleitet werden. Alle nach der statistischen Methode aufgestellten sogenannten Gesetze gehören zu dieser Kategorie. Dasselbe gilt auch von der historischen Methode, in dem Sinne, wie sie noch bis jetzt zur Anwendung gelangt. Man mag auch noch so genau den Kausalzusammenhang zwischen einer ganzen Reihe von Begebenheiten und Beziehungen erforschen, zu der Ergründung eines Gesetzes kann solches Verfahren nicht führen, weil der Zusammenhang selbst nur durch zufällige Factoren bestimmt wird. Das hat ja auch Treitschke bewogen, noch vor seinem Tode zu gestehen, dass er keine Gesetzmässigkeit in der Geschichte hat wahrnehmen können. Die statistische und die historische Methoden sind ausserdem vollständig ausser Stande irgend einen Zusammenhang der Gesetzmässigkeit des socialen Geschehens mit derjenigen, die sich in der Natur kund thut, zu statuiren. Die menschliche Gesellschaft und die Natur stellen sich ihnen als zwei ganz verschiedene Sphären dar, die unter einander sich höchstens nur äusserlich berühren. —

Die Anhänger der organischen Methode auf sociologischem Gebiete oder die Organiker, wie sie jetzt von einigen Sociologen benannt werden, haben es sich nun zur Aufgabe gestellt, den Zusammenhang zwischen der Naturkunde und den Socialwissenschaften herzustellen, so wie die Einheitlichkeit der Gesetzmässigkeit in der Natur und der menschlichen Gesellschaft zu beweisen. Da in jeder Wissenschaft das Mannichfachere und Complicirtere aus dem Einfacheren erklärt wird, so mussten auch die Organiker den festen

Grund zum Aufbau ihres wissenschaftlichen Systems in den zunächst liegenden Gebieten der Biologie und der positiven Psychologie suchen. Wie letztere auf Grundlage der Physiologie, diese auf dem Boden der Chemie, letztere auf der Mechanik aufgebaut worden sind, so mussten auch die Biologie und die positive Psychologie den Untergrund für den Aufbau der Sociologie liefern. Die inductive Methode sollte als Leitfaden zum Vergleich der Gesellschaftsorganismen mit den natürlichen dienen. Der berühmte Physiologe Johannes Müller stellte den Satz auf:

Psychologus nemo nisi Physiologus. Die Organiker setzen diesen Ausspruch in den Satz um: Sociologus nemo, nisi biologus.

Die Organiker läugnen nicht die Existenzberechtigung der statistischen, historischen, ja der rein deductiven Methoden, sie sehen aber alle diese Methoden nur als Hilfsmethoden auf dem Gebiete der Sociologie an. Die Sociologie, indem sie die organische Methode gebraucht und die Gesetzmässigkeit der socialen Erscheinungen erforscht, dient ihrerseits gleichfalls als Hilfswissenschaft der Culturgeschichte und Philosophie der Geschichte. Es entsteht eine gegenseitige Hilfsleistung, aber diese ist nur möglich, wenn eine jede Wissenschaft ihr eigenes Gebiet mit den ihr zustehenden Mitteln bearbeitet und sich nicht auf fremden Boden begiebt, wo sie nur Verwirrung anrichten kann. Gebraucht der Sociologe die historische Methode, so wird er zum Culturhistoriker, gebraucht er die statistische, so wird er zum Oekonomisten, versenkt er sich in aprioristisch zusammengestellte allgemeine Anschauungen, so ist er Metaphysiker.

In allen diesen Fällen hört aber der Forscher auf Sociolog zu sein und verliert die Sociologie selbst jegliche Existenzberechtigung. Den Antiorganikern hat es daher die Sociologie zu verdanken, dass ihr wissenschaftlicher Charakter bis jetzt noch bestritten wird und sie als wüster Tummelplatz für allgemeine, aus anderen Gebieten herausgerissene Ideen, Begriffe und Forschungsresultate angesehen wird. Nur die Anwendung der organischen Methode kann die Sociologie zur Würde einer selbstständigen Wissenschaft erheben. Nur durch den festen Anschluss an die Naturkunde kann sie den Zweck jeglichen Wissens erreichen: die Begründung der Gesetzmässigkeit der Erscheinungen.

Suchen wir nun zuvörderst die Grenzlinie zu bestimmen, durch welche der Anschluss des Gebietes der Sociologie an das der Naturkunde bezeichnet werden soll. —

Der Hr. Professor Max Verworn definirt in seinem bahnbrechenden Werke: Allgemeine Physiologie*) den biologischen Begriff des Individuums auf folgende Weise:

„Ein organisches Individuum ist eine einheitliche Masse lebendiger Substanz, welche unter bestimmten äusseren Lebensbedingungen selbsterhaltungsfähig ist."

Diese Definition wendet nun Hr. M. Verworn zunächst auf alle einzelne freilebende Organismen in der Form, wie sie in der Natur vorkommen, an. „Aber", fügt er hinzu, „die Definition umfasst noch mehr als nur räumlich zusammenhängende Organismen; sie umfasst zusammengehörige Gruppen von einzelnen Organismen, deren jeder von anderen zwar räumlich getrennt sein kann, die aber alle zusammen eine Einheit bilden." Als Beispiel dafür führt der Hr. Verfasser den Ameisenstaat an, in dem die einzelnen Theile, wie die Glieder eines Organismus, einheitlich zusammenwirken. Der ganze Unterschied zwischen einem Korallenstock und einem Ameisenhaufen besteht, nach Hrn. Verworn, nur darin, dass im ersteren die Individuen niederer Ordnung substantiell zusammenhängen, wogegen sie im Ameisenstaate räumlich getrennt sind.

Dieser Definition des Individuums wird zweifelsohne ein jeder tieferblickende Naturforscher beistimmen und hier findet sich auch der Anschluss der Sociologie an die Ergebnisse der Biologie.

Das Individuum Ameisenstaat besteht aus solchen Zellenelementen, die bereits als Personen bezeichnet werden können. Aber es stellt doch immer noch ein Collectivlebewesen dar, das auf sehr niedriger Entwickelungsstufe stehen geblieben ist und solches scheinbar für alle Zukunft. Die den Ameisenstaat bildenden Personen wirken nur nach bestimmten instinctmässigen Normen, die sie zu überschreiten nicht im Stande sind.

Welche organischen Bildungen schliessen sich nun am nächsten den Thierstaaten? — Das sind die von Menschen gebildeten

*) S. 61.

Staaten, welche ihre Erhebung über das Niveau der Thierstaaten der ihnen innewohnenden Fähigkeit zu einer allmählig fortschreitender Entwickelung zu verdanken haben. Wie die physiologische Nothwendigkeit, nach welcher die Zelle im Einzelorganismus wirkt, sich im Thierstaat zum Instinkt ausgeprägt hat, so hat sich letzterer in der menschlichen Gesellschaft zum bewussten Wirken der den Staat bildenden Personen erhoben. Aber wie zwischen Mensch und Thier nur ein gradueller Unterschied vorliegt, so kann es auch zwischen einem Menschen- und Thierstaat auch nur eine graduelle Differenz geben. Ist es nun bewiesen, dass der Thierstaat ein Individuum darstellt, so muss auch der Menschenstaat als Individuum, oder, was dasselbe bedeutet, als ein realer Organismus aufgefasst werden. — Ob die einzelnen Staaten sich noch zu einem höheren Gesammtorganismus, der die ganze Menschheit umschliessen wird, vereinigen werden, bleibt der Zukunft vorbehalten. Bei dem jetzigen Stadium der Cultur stellt der Staat noch die höchst potencirte Einheit in dem Zusammenwirken der Menschen dar. Aber Alles, was wir auf den Staat in unseren Auseinandersetzungen beziehen, findet seine Anwendung auch auf losere sociale Verbände in ebenso realem, wenn auch beschränkterem Sinne.

Herr Max Verworn unterscheidet in der Organismenwelt, gleich mehreren anderen Naturforschern, fünf verschiedene Individualitätsordnungen: die Zellen als Elementarorganismen; die Gewebe, die aus Zellen bestehen; die Organe, die von Geweben gebildet werden; die Personen, die eine Vereinigung von Organen darstellen; endlich die Staaten, die aus Verbänden von Personen bestehen*). Jede höhere Ordnung von Individuen schliesst dabei hierarchisch alle niedere Ordnungen in sich. Daher stellen auch die Personen die einen Staat bilden, nicht ein einfaches Nebeneinander dar, denn sonst würden sie, gleich den Bäumen eines Waldes, den Halmen eines Feldes, den zufällig zusammgelaufenen Thieren einer Heerde, keine höhere Individualität, keinen Organismus bilden. Das einheitliche Zusammenwirken wird im Staate dadurch erreicht, dass die einzelnen Personen ihre Thätigkeit gemeinschaftlichen

*) S. 64.

Zwecken widmen und unterordnen. Eine solche Vereinheitlichung im Wirken kann nur durch ein hierarchisch potencirtes und differencirtes Uebereinander der den Staat bildenden Elemente erreicht werden. Im Ameisen- und Bienenstaat findet dieses Uebereinander in der Gruppirung und Differencirung der staatsbildenden Personenelemente in arbeitende, nicht arbeitende oder nur specielle Arbeiten verrichtende, in herrschende und dienende Klassen seinen Ausdruck. Im Bienenstaat wird die Vereinheitlichung sogar durch eine Centralperson, die Bienenkönigin, in gewiser Hinsicht veranschaulicht. Im Menschenstaate vereinigen sich die einzelnen Personen gleichfalls zunächst zu einfacheren Verbänden, wie Familie, Clan. Diese wachsen zu complicirteren Bildungen zusammen, wie Tribe, Völkerschaft, verschiedenartige wirthschaftliche Gemeinschaften. Endlich entwickeln sich aus denselben die gleichfalls aus Personen bestehenden höheren, herrschenden Klassen so wie die Centralorgane, durch welche die Staatseinheit repräsentirt wird. Im Menschenstaate wiederholt sich also derselbe hierarchische Aufbau, durch welchen auch in den niederen Ordnungen der Organismen die Individualität hergestellt wird: die Personen entsprechen den Zellen, die einfacheren socialen Verbände den Geweben, die complicirteren den Organen, die Staatsgewalten den Centralorganen. In den pflanzlichen und thierischen Einzelorganismen ist die unmittelbare Berührung der die Gewebe und Organe bildenden Zellen nur eine scheinbare. Es existirt in der Natur kein absolut undurchdringlicher Körper, daher auch keine unmittelbare Zusammenfügung von Elementen sogar in den härtesten Körpern. Es kann sich in dieser Hinsicht immer nur um ein Mehr oder Weniger von Raumverhältnissen handeln. Die gasförmigen Körper bestehen aus Molekülen, die von einander weiter abstehen als diejenigen, durch welche flüssige Substanzen gebildet werden; diese bestehen wiederum aus Molekülen, die in grösserer Entfernung auf einander wirken als diejenigen der festen Körper, aber alle bilden sie doch immer nur Körper.

Ganz ebenso stellt ein jeder Menschenstaat ein Individuum dar gleich einem Bienen- und Ameisenstaat, und letzterer ein Individuum gleich einem Zellenstaate, obgleich die Raumverhältnisse, in denen die Vereinheitlichung bewirkt wird, sehr verschiedene sind. Im Einzelorganismus ist die bereits differencirte Zelle wohl fester an bestimmte Gewebe und Organe gebunden, als die Personen im Staate. Eine Zelle kann nicht aus dem Knochengerüste in's Muskelgewebe oder in's Nervensystem hinüberwandern; ihre Differencirung ist eine einseitige, definitiv abgeschlossene. Es giebt jedoch auch in den Einzelorganismen Wanderzellen, wie die rothen Blutkörperchen, die Leukocyten, die Spermatozoën. Die einen Staat bildenden Personen sind meistentheils Wanderzellen, aber sie sind auch zugleich psychologisch mehr oder weniger differencirte Zellen und daher auch gleich den Zellen an bestimmte Familien, Klassen und Ordnungen im Staate gebunden. In dem Kasten- und Sclavenstaate ist dieser Verband ein festerer, in dem freien Staate ein loserer. Absolute Freiheit giebt es aber in dem einen ebenso wenig wie in dem anderen.

Der Unterschied zwischen den verschiedenen Ordnungen von Individualitäten wird also, dem Wesen nach, nicht durch Raum- oder Zeitverhältnisse bestimmt, sondern durch ungleiche Potencirungen von Energieen bewirkt. Das Zusammenwirken der Zellen in den Einzelorganismen wird lediglich durch mechanische, chemische und physiologische Energieen bedingt; im Thierstaate thun sich diese Energieen als Instinkt kund; im Menschenstaate potencirt sich der Instinkt allmählig zu einem halbbewussten und schliesslich zu einem bewussten Zusammenleben, zu einem Zusammenfühlen, -denken und -wollen.

Ein jedes menschliche Individuum stellt, abgesehen von seinem rein physischen Organismus, noch ein vom Urmenschen an im socialen Leben aufgespeichertes und von den Vorfahren ererbtes Kapital von psychophysischen Energieen dar, das ihn zum Zusammenfühlen, -denken und -wollen mit Seinesgleichen befähigt. Dieses Kapital ist gleich seinen rein physischen Anlagen eine Erbschaft, daher ist jeder Mensch schon durch seine Abstammung an eine bestimmte Familie, Race, Nationalität gebunden. Das ererbte psychophysische Capital ist aber zugleich auch ein durch das sociale Leben früherer Generationen differencirtes Capital von bestimmten geistigen, ethischen, ästhetischen Anlagen, Fähigkeiten und Entwickelungsstufen. Durch die Erziehung kann wohl das ererbte Capital weiter entwickelt und anders differencirt werden, aber eine jede Erziehung bearbeitet doch immer nur bereits vorhandenes Material an latenten psychischen Energieen. Ein Hausthier kann nur zu einer sehr niedrigen Stufe von Intelligenz erhoben und nur zu einem sehr engen Kreise von Verrichtungen erzogen werden; desgleichen der Repräsentant einer niederen Race. Daher ist auch ein jedes Individuum nicht blos durch seine Abstammung an bestimmte Verbände gebunden, sondern es ist auch durch seine ererbten psychischen Anlagen, so wie durch seine Erziehung auf bestimmte Verrichtungen im socialen Leben angewiesen. Dieses durch Abstammung, Vererbung und Erziehung bedingte Uebereinander bildet gerade die Grundlage jeglichen Staatslebens, des Ursowie des Culturstaates.

Auch auf den höchsten Stufen der Cultur werden aber stets neben den höheren, psychischen, auch die niederen: die mechanischen, chemischen, physiologischen, instinctiven Energieen sowohl im Staate, als auch im Leben des Individuums wirksam sein. Der Mensch wird sich als Erdenbewohner nie seiner Herkunft aus anorganischem Stoff und organischer Materie entäussern können. Er wird stets seinen physischen Bedürfnissen durch materielle Mittel Befriedigung verschaffen müssen. Die dazu nöthige Arbeitsleistung kann er freilich, nach Massgabe seiner culturellen Entwickelung, auf das umgebende Medium hinüberwälzen (Maschinen, Transportmittel, Culinarkunst etc.), aber zum Nullpunkt mechanischer, chemischer und physiologischer persönlicher Arbeit und materiellen Werthverbrauchs wird er es nicht bringen. So wird auch der höchst entwickelte Culturstaat stets von materiellen Mitteln in seiner Existenz und Entwickelung abhängig sein. —

Die Abhängigkeit des Menschen von der Materie bekundet sich nicht blos in Hinsicht auf die Befriedigung seiner physischen Bedürfnisse, sondern gleichfalls bei der Entwickelung der psychischen Anlagen und Fähigkeiten. Die Capitalisirung und Auslösung der psychischen Energieen wird stets von mechanischen, chemischen, physiologischen Processen in dem individuellen Nervensystem begleitet, dessen Molekularbestandtheile dabei verändert und umgeformt werden. Es bilden sich neue Gewebe und Organe, niedere zu höheren bei fortschreitender Entwickelung; höhere atrophiren sich zu niederen bei rückschreitender Bewegung. Im Verlaufe der ganzen Geschichte der Menschheit haben sich auf diesem Wege die vorzugsweise im Gehirn des Menschen concentrirten höheren Nervenorgane allmählig ausgebildet und sind von Generation zu Generation durch allmählig wachsende Aufspeicherung von latenten psychischen Energieen der späteren Nachkommenschaft überliefert worden. Diese höheren Nervenorgane, die materiellen Träger der geistigen, ethischen und ästhetischen Anlagen und Fähigkeiten des menschlichen Individuums, sind ein Product des socialen Lebens und bilden ihrerseits auch die Lebensquelle auf die jegliches Zusammenwirken in der Gesellschaft zurückzuführen ist.

Suchen wir uns nun nähere Rechenschaft darüber abzugeben, durch welche Mittel und Wege die Capitalisirung und Auslösung der psychischen Energieen im Schoosse der Gesellschaft bewerkstelligt werden.

Abgesehen von dem eigentlichen Geburtsact, von der in der frühesten Kindheit nothwendigen Körperpflege und von einigen rein conventionellen Gebräuchen, wie Händedruck, Kuss und dergleichen, kann der Culturmenseh Jahrzehnte sich in der Gesellschaft bewegen, ohne in mechanische Berührung mit Seinesgleichen, es sei denn nur zufällig, zu gerathen. Und dennoch steht er in beständiger reger Wechselwirkung mit den anderen Gliedern der Gesellschaft. Die Mittel, durch welche diese Wechselwirkung bewerkstelligt wird, können hauptsächlich unter drei Kategorieen zusammengefasst werden: Wort, Schrift, Kunstproduct, letzteres in seiner umfassendsten Bedeutung. Durch die Sprache und einige Kunstleistungen, wie z. B. die Musik, werden vermittelst Schwingungen der Luftmoleküle unsere Hörnerven erregt; durch Schriftzeichen und die Producte der plastischen Künste: Bauten, Monumente, Statüen, Gemälde werden unsere Sehnerven vermittelst Schwingungen des Aethers in Erregung gesetzt. Auf unsere höheren äusseren Sinne: das Ohr und das Auge übt das uns umgebende physische Medium einen bestimmten Reiz. Der Begriff des Reizes ist in der Biologie ein weitgehender. Jede Einwirkung äusserer Factoren auf einen Organismus kann in einem gewisse Sinne als Reiz angesehen werden.

Worin besteht nun aber die Reizwirkung?

Jede lebendige Substanz besitzt die Fähigkeit gegen äussere Reize zu reagiren, wobei ein Umsatz und eine Störung im molekularen und dynamischen Gleichgewicht ihrer inneren Bestandtheile vor sich gehen. Eine solche Reizwirkung rufen auch die durch Wort, Schrift, Kunstproduct und -leistung hervorgebrachten Erregungen unserer äusseren Sinne, in unseren inneren höheren Nervenorganen hervor. Letztere reagiren ihrerseits gegen die äusseren Reize, indem sie die in ihnen angehäuften latenten Energieen auslösen und ihre Molekularbestandtheile umsetzen.

Nun existirt aber sowohl in der anorganischen Natur als auch in der Organismenwelt kein bestimmtes Verhältniss zwischen der Qualität und Intensität des Reizes und der Reizwirkung. Ein leiser mechanischer Stoss kann eine ungeheure chemische Reizwirkung hervorbringen, wie solches z. B. bei allen Sprengstoffen der Fall ist und umgekehrt bei starken äusserlichen Reizmitteln kann die Reizwirkung ganz ausbleiben, wie z. B. bei Annäherung eines Magnets an ein Stück Holz etc.

Bei der psychophysischen Wechselwirkung zwischen den Menschen in der Gesellschaft tritt dieses Missverhältniss zwischen Reiz und Reizwirkung noch greller hervor. Wenn ein in einem geschlossenen Raume versammeltes Publicum das Wort Feuer! ausstossen hört, so drängt es sich massenweise zu den Ausgängen, bei denen ein Kampf um Leben und Tod entsteht. Dem Einen lähmt der Schreck die Glieder und macht das Blut in den Adern stocken, die Anderen suchen sich durch Schreien und Toben Luft zu machen, indem sie eine ungewöhnliche Muskelkraft entwickeln. Das einzige Wort Feuer! hat auf diese Versammlung eine ebenso grosse Wirkung hervorgebracht, wie ein angezündetes Streichhölzchen auf ein Pulvermagazin, durch dessen Explosion eine ganze volkreiche Stadt zerstört worden ist. Dort genügte eine leichte Contraction der Muskelfasern des Halses und der Zunge, hier eine leise Bewegung der Hand um die Wirkungen hervorzubringen. Die nach allen Weltgegenden durch Telegramme und Zeitungen versandte Nachricht über die Kriegserklärung zwischen zwei Grossmächten setzt die Gemüther zahlreicher Bevölkerungen in Erregung; der Handel stockt, es entsteht eine rege Dislocation ungeheurer Truppenmassen u. s. w. und solches nur in Folge momentaner Schwingungen des Aethers auf die Sehnerven. Eine solche Reizwirkung lässt sich nur durch das grossartige Capital psychophysischer Energieen erklären, die in jedem Individuum und in jeder Gesellschaft als Collectivindividuum aufgespeichert sind. Das Auslösen solcher latenter psychophysischer Energieen kann eine Verminderung des Capitals, aber auch eine Vergrösserung desselben durch einen gleichzeitigen oder nachfolgenden Umsatz der Moleküle in den höheren Nervenorganen zur Folge haben. Lese ich ein erbauliches Buch, ein klar durchdachtes philosophisches Werk, höre ich eine schöne Melodie an, betrachte ich ein harmonisch durchgeführtes Kunstwerk, so wird die Reizwirkung in mir auch durch Auslösen psychophysischer Energieen begleitet, aber in Folge der gleichzeitig verursachten dynamisch werthvolleren Umbildung meiner höheren Nervenorgane werde ich mich zugleich gekräftigt und gehoben fühlen. Ein entgegengesetztes Resultat würde die Lectüre einer unmoralischen Schrift, eines verworrenen philosophischen Systems, das Hören einer disharmonischen Musik, das Betrachten eines geschmacklosen Kunstwerks abgeben.

Setzen wir nun aber voraus, dass das Wort Feuer, so wie die Nachricht wegen der Kriegserklärung in einer Sprache abgefasst sind, die Niemand verstehen kann. Dann fällt die Reizwirkung ganz weg. Eine Rede die Niemand anhört, ein Manuscript oder ein Buch, die Niemand gelesen hat, eine Kunstverrichtung ohne Zeugen, ein Gemälde das Niemand betrachtet hat, stellen daher als Reizmittel betrachtet nur todte Materie, zwecklose Leistungen dar, es sei denn, dass man sie als nützliche Kraftübungen des Producenten selbst in Anschlag bringt.

Aus dem Vorhergehenden folgt, dass eine Cultur nur insofern von wirklichem und wesentlichem Werth ist, als das menschliche Individuum, das als lebendes Element alle socialen Gewebe, Organe und den Staat bildet, durch die Cultur geistig entwickelt, moralisch gebessert, ästhetisch gehoben, physisch gesunder gemacht wird.

Durch eine in's Grenzenlose gehende Production und Anhäufung von Werthgegenständen, die nur Sachen darstellen, namentlich bei einer unregelmässigen und ungeordneten Vertheilung derselben zwischen den Mitgliedern und Klassen der Gesellschaft, werden die Culturzwecke lange noch nicht erreicht. Das haben wir in unserer „Socialen Pathologie"*) näher begründet und ausführlicher auseinandergesetzt, indem wir die in der Gesellschaft circulirenden Güter in positive, negative und neutrale Gebrauchswerthe eintheilten. Setzen wir nun noch hinzu, dass dieser unser Standpunkt vollständig mit den Grundlagen des Christenthums übereinstimmt, welches hauptsächlich die Besserung der Persönlichkeit sich zur Aufgabe stellt, und das Wort, das nicht zum Herzen geht, das Sacrament das mit Gleichgültigkeit entgegengenommen wird, den Glauben, der nicht lebendig macht, für werthlos erklärt**).

Stellt man einen Vergleich an zwischen der Wechselwirkung der Personen im socialen Organismus und den Processen, durch welche unser Körper belebt wird, so wird man finden, dass jene zunächst der Wechselwirkung der Zellen im Nervensystem und speciell in den höheren Organen desselben, die als materielle Träger des individuellen Fühlens, Denkens und Wollens sich kund thun, analog ist. Die Nervenzellen erregen sich auch gegenseitig durch Reize, differenciren sich und potenciren sich gegenseitig zu specifischen Geweben und Organen, häufen dabei psychophysische Energieen an und lösen bereits früher capitalisirte aus. Eine jede Zelle des individuellen Nervensystems hat sich stufenweise, biogenetisch, durch eine unermessliche Reihe sich stets gegenseitig differencirender und potencirender Zellengemeinschaften, durch Anpassung an das innere, organische Medium, durch Kampf um's Dasein, Selection und Vererbung, in Folge einer beständigen gegenseitigen Reizwirkung, zu den functionellen Fähigkeiten und histologischen Bildungen des specifischen Nervengewebes und Organes, zu dem sie gehört,

---

*) La Pathologie Sociale, Bd. II der Bibliothèque sociologique internationale.

**) Siehe unsere Gedanken über die Socialwissenschaft der Zukunft, Bd. V: Versuch einer natürlichen Theologie S. 65 u. ff.

erhoben. So ist auch der Urmensch, als Theil realer Gesammtheiten, als Zellenelement sich stets umformender socialer Systeme, auf demselben Wege historisch, durch eine unermessliche Reihe zusammenfühlender, -denkender und -wollender Generationen zum Culturmenschen geworden.

Die zwischen den Zellen, Geweben und Organen des Körpers durch Nervenreiz hervorgerufene Erregung wird in der Biologie und Psychologie als Reflex bezeichnet. Seinem Wesen nach besteht auch jegliches Zusammenleben und -wirken der Menschen im gesellschaftlichen Verbande in beständigen Reflexwirkungen. In der Psychologie werden wohl zunächst die automatisch vor sich gehenden Reizwirkungen im individuellen Nervensystem unter dem Begriffe Reflex verstanden. Aber der Unterschied zwischen automatischen, halbbewussten und bewussten Wirkungen ist ein fliessender. Daher wird von den neueren Psychologen der Begriff des Reflexes auf jegliche Wechselwirkung der Gewebe und Organe durch Nervenreiz ausgedehnt. Aber im socialen Organismus gesellen sich, in Folge der grösseren Beweglichkeit und Autonomie der einzelnen Zellenelemente, zu den im individuellen Nervensysteme durch Nervenfasern vermittelten directen Reflexe, noch indirecte, durch Schrift, Kunstproduction etc. vermittelte Reflexe. Dass die Wirkungen der indirecten Reflexe ihrem Wesen nach identisch sind mit denen der directen, geht, unabhängig von dem bereits oben Angeführten, noch daraus klar hervor, dass sie gegenseitig in einander umgesetzt werden können, ohne dass das Resultat der Wirkung eine Aenderung erfährt. Die Nachricht über den Tod eines Verwandten oder Freundes wirkt gleich erschütternd, ob man sie durch directe Zeichen, mündlich, von Person zu Person oder vermittelst eines Briefes oder Telegramms, also durch indirecte Reflexe, erhalten hat. Und der Energiewechsel der Ganglienzellen unseres Gehirns, des dem socialen Organismus zunächst stehenden natürlichen Zellenstaates, bietet gleichfalls einen Innervationsmodus dar, der den Uebergangsprocess vom directen zum indirecten Reflex kennzeichnet. Es ist nämlich neuerdings beobachtet worden, dass die Dendriten (Verzweigungen der Ganglienzellen) einer Ganglienzelle mit den Nervenfasern (Fortsätzen) der anderen, auf die sie einen Reiz ausübten, nicht substantiell zusammenhängen, sondern dass zwischen ihnen noch ein Spaltstück sich befindet. Der Energiewechsel zwischen den Ganglienzellen geht also in diesem Falle vor sich, obgleich ein unmittelbarer Austausch von Substanz gar nicht stattfindet, sondern nur eine Berührung zwischen den Dendriten und Nervenfasern durch Vermittelung eines Spaltstückes.

Zu einem vollständigen sogenannten Reflexbogen gehört ein centrales Verbindungsstück zwischen dem percipirenden und auf den Reiz reagirenden Elemente. Der Reflexbogen in seiner Vollständigkeit erscheint im Staate, wenn z. B. ein Reiz bis zu den centralen Organen, die Regierung, gelangt und eine Reaction von derselben durch verschiedene Massnahmen, Befehle etc. erfolgt. Aber auch bei der Wechselwirkung einzelner Glieder und Gruppen der Gesellschaft unter einander behalten die Reize den Charakter von Reflexen, indem auch bei ihnen die Hauptmomente des Processes: Empfangen eines Reizes durch sinnliche Wahrnehmung, Reagiren gegen denselben durch Auslösung psychophysischer Energieen, Bildung neuer Molekulordnungen, Bindung neuer dynamischer Elemente, stattfindet. — Um Benennungen und Worte lässt sich viel streiten. Von grosser Wichtigkeit für die Sociologie wäre jedoch die Feststellung und Annahme einer Terminologie, die bereits ihrem Wortlaute nach auf den Zusammenhang zwischen der Sociologie und der allgemeinen Biologie, sowie der positiven Psychologie hindeuten würde. Den Versuch zu einer solchen Terminologie haben wir in unseren vorhergehenden Werken gemacht. Eine Wissenschaft, die über keine bestimmte Terminologie verfügt, wird sich nie definitiv construiren können und wird auch nie als selbstständige Wissenschaft anerkannt werden. Ein jeder Forscher wird seinen, auf subjectiven Anschauungen begründeten Wortschatz in das zu erforschende Gebiet hineintragen und zu endlosen Wortstreitigkeiten Veranlassung geben. Auch eine dem Wesen des Objects der Forschung entsprechende Classification der Erscheinungen ist ohne feste Terminologie nicht möglich. Ein jeder Forscher wird mit seinem Wortschatze auch eine neue Classification in die Wissenschaft hineintragen. In allen Zweigen der Naturkunde wird bereits durch die Terminologie der zu erforschenden

Erscheinungen auf ihren Zusammenhang mit denjenigen, die zu den nächsten und namentlich den niederen und einfacheren Wissensgebieten gehören, hingewiesen. Dieser Regel glauben wir gerecht geworden zu sein, indem wir die Wechselwirkung der Individuen im socialen Leben als Reflexwirkung bezeichnet haben.

Aus demselben Grunde haben wir auch den socialen Organismus als ein Nervensystem bezeichnet. Zwischen den Worten System und Körper wird in der Biologie kein Unterschied gemacht. Unser Körper besteht aus verschiedenen Systemen von Zellen, Geweben und Organen, dem Knochengerüste, dem Muskel-, dem vasomotorischen, dem Nervensysteme, und sie alle bilden denselben Körper. Das Wort System wäre zur Bezeichnung des socialen Organismus insofern vorzuziehen, als es auf den loseren mechanischen Zusammenhang der einzelnen Elemente unter einander hinweist. So bilden die Weltkörper, die um die Sonne kreisen, gleichfalls ein System. Der Unterschied ist jedoch, wie wir bereits oben angedeutet haben, kein wesentlicher, sondern nur ein relativer. Unser Sonnensystem würde einem Beobachter, der sich in der Ferne der Milchstrasse befinden würde, möglicher Weise, wie diese, als ein einzelner gasförmiger oder leuchtender Körper erscheinen.

Dem socialen Nervensystem haben wir, in Analogie der im Körper vorhandenen noch nicht assimilirten Nahrungsstoffe und Schutzvorrichtungen und der bereits von den Zellen, Geweben und Organen ausgeschiedenen Substanzen, die sociale Zwischenzellensubstanz gegenübergestellt. Im weiteren Sinne gehören zu dieser alle nutzbaren Güter: Boden, Gewässer, die Atmosphäre, überhaupt das physische Medium, in welchem die einzelnen Elemente des socialen Organismus eingebettet sind und sich bewegen. Im engeren Sinne gehören zur socialen Zwischenzellensubstanz alle in der Gesellschaft circulirenden Werthgegenstände, die von den Individuen behufs Befriedigung ihrer Bedürfnisse verbraucht werden, gleich wie die Pflanzen die in ihnen circulirenden Säfte und die Thiere ihre Nahrung assimiliren.

Die Gegner der organischen Methode verwechseln stets die Zwischenzellsubstanz, die nur leblose Substanzen, also Sachen, in sich schliesst, mit den lebendigen Elementen des socialen Organismus, die nur durch Personen repräsentirt werden und aus denen das sociale Nervensystem gebildet wird. Daher setzen sich die Antiorganiker ein vollständig verworrenes Bild vom socialen Organismus zusammen und schöpfen aus dem Wirrwarr ihrer eigenen Anschauungen ihre Widerlegungen. Sie behaupten nämlich, dass die Organiker die Telegraphendrähte mit den Nerven, die Eisenbahnstationen mit ebenso viel Herzen, die dem socialen Organismus eigen sein sollen, identificiren. Die Telegraphendrähte, die Eisenbahnen mit allen ihren Baulichkeiten sind Sachen, sie können nur als Gebrauchswerthe von dem socialen Nervensysteme zu verschiedenen Zwecken benutzt werden, sie sind aber unfähig selbst eine lebende Substanz zu bilden. Auf der socialen Zwischenzellensubstanz projectiren sich die Thätigkeitsäusserungen des Individuums und der Gesellschaft, gleichwie auch die Pflanze und das Thier die ihnen zu Gebote stehenden Nahrungs- und Schutzmittel erst mechanisch, morphologisch und physiologisch bearbeiten ehe sie dieselben assimiliren oder verbrauchen. So ist denn auch jedes aus Werthgegenständen bestehende angehäufte Capital immer nur ein todtes bis die in demselben enthaltenen Energieen von den Personen assimilirt werden. Das todte Kapital, als Theil der Zwischenzellensubstanz, stellt nur eine Projection der in den Personen angehäuften psychophysischen Energieen dar. Die Widerlegungen der Antiorganiker sind also in dieser Hinsicht nur als Schläge in's Wasser anzusehen.

Eine jede Auslösung von mechanischen, chemischen und psychophysischen Energieen setzt eine vorhergegangene Aufspeicherung derselben voraus. Wir haben gesehen, über welch' ein grossartiges Capital von latenten psychischen Energieen ein jeder Mensch, besonders aber der Culturmensch, verfügt. Durch welchen Process ist dieses Capital angehäuft worden?

Der Urmensch verfügte nur über einige halbarticulirte Laute um seinen Gefühlen und Gedanken Ausdruck zu verleihen; er bediente sich seiner eigenen Glieder, um durch äussere Zeichen seinen Willen zu kennzeichnen; er kannte nur die ersten Zahlen und rechnete mit den Fingern der Hände und Füsse; seine Waffen waren ungeschliffene Steine und Holzkeulen; die Tonkunst bestand in einem wüsten Lärmmachen, die Tanzkunst in einem Springen und Gehen im Tact; alle übrigen Künste dienten fast ausschliesslich nur zur Befriedigung der dringendsten physischen Bedürfnisse. Aber schon damals implicirten diese ursprünglichen Thätigkeitsäusserungen sociale Reflexwirkungen, durch welche die Glieder der Urgesellschaft allmählig zu höherem Denken, Fühlen und Wollen angeregt wurden; schon damals wurde der Grund zur Bildung derjenigen Nervenorgane gelegt, aus denen die spätere Culturfähigkeit des Menschen sich entwickelte. Eine jede Generation der aufstrebenden Elemente der Urbevölkerungen that in der Richtung der intensiveren Reflexwirkung einen Schritt vorwärts und vererbte die erhöhte Culturfähigkeit in der Form höher entwickelter Nervenorgane der nächsten Nachkommenschaft. Dementsprechend wuchsen nicht nur immer mehr durch neue Aufschichtungen von latenten psychophysischen Energieen diejenigen Organe, die man als die socialen bezeichnen kann, weil sie ein Product des socialen Lebens sind, sondern sie entwickelten sich auch mit jeder Generation früher als in der vorhergehenden um einer neuen Aufschichtung Zeit und Raum zu gewähren. Auf diesem Process der allmähligen Aufschichtung und Verdichtung der höheren Organe, die vorzugsweise im menschlichen Gehirn vereinigt sind, beruht das Gesetz der abgekürzten Wiederholung im Individuum der ganzen Culturgeschichte der Menschheit. Dieses Gesetz, das wir als das centrale socialembryologische Gesetz gekennzeichnet haben, entspricht vollständig dem allgemeinen embryologischen Gesetze, welches sich in der ganzen Organismenwelt kund thut. Der psychophysische Entwickelungsgang eines jeden einzelnen menschlichen Individuums giebt somit dem Culturhistoriker den Faden in die Hand, um die ganze Geschichte der Menschheit zu erforschen. Das socialembryologische Entwickelungsgesetz müsste als Grundlage für jegliche Culturgeschichte dienen. Aber es steht auf der Grenzscheide zwischen der Biologie und den politischen Wissenschaften in ihrem jetzigen Entwickelungsstadium. Daher wird dieses sociologische Grundgesetz fast vollständig übersehen. Die Biologen sind keine Sociologen und die Oekonomisten, Juristen und Politiker keine

Biologen. Nur einige hervorragende Geister in Deutschland, wie Roscher, Hellwald, Schäffle haben dieses Gesetz nach seinem vollen wissenschaftlichen Werthe gewürdigt.

Das Kind von heute stellt dem eben angeführten socialembryologischen Gesetze gemäss in realer Form, durch den Bau seines Gehirns, die Entwickelungsstufe dar, auf welcher die Menschheit sich in ihrer frühesten Jugend befand. Die höheren, socialen Nervenorgane sind in ihrer Entwickelung so weit vorausgeeilt, dass das Kind von heute, bei völlig noch unentwickeltem physischen Organismus bereits in den ersten Jahren seines Lebens über diejenige geistige und ethische Energieen verfügt, die der Urmensch nur bei voller Reife erlangte.

Das Kind fasst die äusseren Eindrücke unbewusst oder halbbewusst auf; es neigt zur Nachahmung; es bearbeitet nicht selbstständig die von aussen auf ihn wirkenden Reize. Im Kinde verbreiten sich vom Ohr und Auge ausgehende Reflexe sogleich über das ganze Nervensystem und setzen fast alle Muskeln des Körpers in Bewegung. Das Kind ist nicht im Stande sich dabei zu beherrschen; es giebt sich sogleich, ganz und gar, dem ersten stärkeren Eindruck hin. Hell leuchtende Körper, grelle Farben, lautschmetternde Töne ziehen vorzüglich seine Aufmerksamkeit an. Unwillkürliche Bewegungen und unbezwungene Empfindungen, d. h. die Leidenschaftlichkeit ist im Kinde viel stärker, als im Erwachsenen, zugleich aber auch viel flüchtiger, indem das Kind unmittelbarer unter dem Einflusse der wechselnden äusseren Eindrücke und Erscheinungen steht. Das menschliche Gehirn ist ein Apparat, der die von aussen kommenden Reflexe fixirt und verarbeitet. Bei grösserer Ausbildung dieses Apparats giebt sich der Mensch nicht mehr unwillkürlich und unverzüglich dem äusseren Eindruck, der willenlosen Empfindung, dem blinden Triebe hin. Er handelt nach Massgabe seiner socialen Entwickelung immer subjectiv bewusster und objectiv selbstständiger.

Sehen wir uns den jetzigen Wilden an, so finden wir, dass die psychischen Energieen, über die er verfügt, gleichartige mit denen des Kindes der höheren Racen sind. Der Wille steht also heute noch in Hinsicht auf die Ausbildung seiner socialen Nervenorgane, vielleicht nur wenige Stufen höher als der Urmensch. Die heute noch existirenden wilden Völkerschaften stellen also in ihrer socialen Entwickelung zurückgebliebene Zweige eines gemeinschaftlichen Stammes dar, von welchem aus auch der Culturmensch sich zu höheren Stufen emporgeschwungen hat. Die Zwischenstufen werden durch die noch jetzt lebenden Völkerschaften, die dem mythologischen und heroischen Zeitalter in der Geschichte entsprechen, repräsentirt. Diese geschichtlichen Epochen entsprechen dem Jünglingsalter des modernen Culturmenschen. Es stehen also drei Reihenfolgen psychologischen Geschehens vor uns: die psychophysische individuelle Entwickelung des modernen Culturmenschen vom Kinde bis zum reifen Alter; der geschichtliche Entwickelungsgang vom Urmenschen bis zum Culturmenschen, mit den noch jetzt durch die wilden, halbwilden und barbarischen Volksstämme bezeichneten Stufen dieser psychologischen Evolution; endlich die Entwickelung der Gesellschaft als ein Complex socialer Systeme. Auf diesen drei Reihen eines und desselben ununterbrochenen Entwickelungsprocesses des individuellen, geschichtlichen und socialen gründet sich nun das Gesetz des dreifachen Parallelismus und der Uebereinstimmung des Nach-, Neben- und Uebereinander des socialen Werdens, das dem allgemeinen in der ganzen Organismenwelt gültigen Gesetze des dreifachen Parallelismus der ontogenetischen philetischen und systematischen Entwickelung entspricht. Zu welchen specifischen Thätigkeitsäusserungen und Gestaltungen in der ökonomischen (physiologischen), juridischen (morphologischen) und hierarchisch-politischen (vereinheitlichenden) Sphäre des socialen Lebens dieses allgemeine Gesetz führt und durch welche Anomalieen es bedingt wird, haben wir in unseren früheren Werken auseinandergesetzt*).

Das ganze Menschengeschlecht stellt einen Baum dar, dessen Wurzel in die Thierwelt ragen, dessen Stamm der Urmensch gebildet hat und dessen nach allen Richtungen auseinandergehenden

*) Gedanken über die Socialwissenschaft der Zukunft: Bd. I Die menschliche Gesellschaft als realer Organismus; Bd. II Die socialen Gesetze; Bd. III Die sociale Psychophysik; Bd. IV Die sociale Physiologie; Bd. V Versuch einer natürlichen Theologie.

und zu verschiedenen Höhen hinaufgeschossenen Zweige noch heute durch die auf verschiedenen Culturstufen stehenden Völkerschaften und Racen repräsentirt werden. Die Blätter dieses riesigen Baumes sind die Individuen; aber die menschlichen Individuen haben sich nicht, wie die Blätter einer Pflanze, isolirt von einander gehalten, nur durch Abstammung sich an den allgemeinen Stamm knüpfend, sondern sie sind unter einander stets in Wechselwirkung getreten und haben dadurch ihre weitere Entwickelung befördert. Die jetzt lebenden Individuen gehören zu verschiedenen in früheren Perioden der Geschichte aus einander gegangenen Zweigen, aber in der Vergangenheit müssen stets Zeitmomente und Punkte gewesen sein, an welchen sie an einen gemeinschaftlichen Hauptzweig oder an dem ursprünglichen Stamm gleichzeitig zusammenliefen. Auf dieser Einheit der Abstammung beruht die Gemeinschaftlichkeit der physischen und psychischen Grundanlagen aller Menschen. Aber würden die einzelnen Zweige und Blätter einfach aus einander gelaufen sein, so würden sie sich in eben solche einzelne Gattungen und Ordnungen differencirt haben, wie solches in der Pflanzen- und Thierwelt veranschaulicht wird. Die einzelnen menschlichen Individuen haben sich aber stets durch gegenseitige Reflexwirkung zu neuen Geweben, Organen und Einheiten verbunden und auf diesem Wege, unabhängig von ihrer Abstammung, zu höheren Entwickelungsstufen differencirt und erhoben. So differencirt sich die jetzt lebende Menschheit nach den Sprachen, die mit der Abstammung nur in ganz entferntem Connex stehen und als ein reines Product des socialen Lebens aufgefasst werden müssen. Nur in den niederen Racen treten noch die physischen Merkmale, wie Hautfarbe, Haarwuchs etc. als differencirender Factor hervor. Aber auch im socialen Leben sind die Individuen, Völkerschaften und Racen nur Schritt vor Schritt, im Verlaufe tausendjähriger vorhistorischer und geschichtlicher Perioden, unter beständigen Kämpfen um's Dasein, unter Anpassung an das äussere, physische und das innere, sociale Medium, durch Selection und Vererbung, vorgeschritten. Diesen ganzen Process, der auf dem allgemeinen Weltgesetz der Uebereinstimmung des Nach-, Neben- und Uebereinander alles Werden in Zeit, Raum und Potenz fusst, habe ich graphisch in meiner in französischer Sprache erschienenen Studie: La méthode graphique en Sociologie*) darzustellen versucht.

Schliesslich sei nur wiederum hervorgehoben, dass alle socialen Processe, welche Höhe sie auch erreichen mögen, nicht blos psychische, sondern gleichzeitig auch physische sind und dass der Mensch in keinem höheren Stadium seiner Entwickelung die niederen, also seine Abstammung von der anorganischen und organischen Natur, ganz verläugnen kann. Auf dieser unlösbaren Verknüpfung des höheren mit dem niederen im individuellen und socialen Leben beruht gerade die Begründung der socialen Gesetzmässigkeit in Uebereinstimmung mit den Gesetzen der Organismenwelt. Die Sociologie ist in ihren Forschungen ebenso auf die positive Psychologie und die Biologie angewiesen, wie letztere auf die Physiologie und die Chemie. Der Sociolog, der die Biologie verläugnet, wird stets nur Luftschlösser bauen statt feste Gesetze zu ergründen. —

Es giebt aber Sociologen, die den Zusammenhang zwischen Sociologie und Biologie nicht verläugnen, die im Gegentheil auf diesen Zusammenhang ihre sociologischen Anschauungen begründen, die aber in dieser Richtung auf halbem Wege stehen bleiben. Zu diesen Sociologen gehört auch Spencer mit seinem ganzen Anhang. Spencer fasst die Gesellschaft nicht als ein concretes Individuum, sondern als eine discrete Collectivität gleich den Bäumen eines Waldes, den Halmen eines Feldes, den zufällig zusammengelaufenen Thieren einer Heerde auf. Durch diese Halbheit in der Auffassung des socialen Lebens ist daher Spencer auch zu ganz einseitigen Folgerungen und Schlüssen in der Beurtheilung der socialen Erscheinungen gelangt. Er hat die vereinheitlichenden Factoren des socialen Lebens fast ganz übersehen und nur die Autonomie des Individuums berücksichtigt. In seinen letzten Werken, wie z. B. über die „Gerechtigkeit“ hat er den festen biologischen Boden sogar ganz verlassen und sich der aprioristischen Methode auf sociologischem Gebiete bedient. —

---

*) In den Bänden III und IV der Annales de l'Institut international de Sociologie.

Einige Sociologen treten als Gegner der organischen Methode nur in Folge von Missverständnissen in der Auffassung dieser Methode, der Grenzen und der Zwecke ihrer Anwendung auf. Vor Kurzem ist eine Schrift des Herrn Professors Ludwig Stein erschienen, die einer Kritik der organischen Methode in der Sociologie gewidmet ist*). Mit den Ausführungen dieses hervorragenden Denkers stimmen wir, dem Wesen nach, meistentheils überein. Er spricht unter Anderem sich dahin aus, dass das sociale Leben in seinem ganzen Umfange nicht mechanisch erklärt werden kann (S. 15). Solches muss um so mehr als vollständig richtig anerkannt werden, als auch sogar die meisten biologischen und physiologischen Erscheinungen nicht auf die Wirkung rein mechanischer Factoren zurückgeführt werden können. Aber man vergesse dabei nicht, dass eine jede höhere Erscheinungssphäre stets alle niederen nothwendig in sich schliesst. So wird auch der sociale Organismus aus mechanischen, chemischen, physiologischen, psychologischen und socialen Energieen und Elemente gebildet. Es giebt daher auch im socialen Leben mechanische Nothwendigkeiten. Der Mensch wird auch bei Erreichung der höchsten Culturstufe immer noch, wenn auch in geringerem Verhältnisse wie früher, mechanisch arbeiten müssen. Mit anderen Worten, es wird auch in aller Zukunft, welche Form die Gesellschaft auch annehmen möge, stets Klassen geben, die mechanische Arbeit werden leisten müssen, trotz aller noch denkbaren Vervollkommnungen des Maschinenwesens. Alle Raumverhältnisse, in denen sich der Mensch bewegt, werden immer für alle Zukunft nur auf mechanischem Wege überwunden werden können. Von chemischen und physiologischen Nothwendigkeiten wird der Mensch schon deshalb stets abhängig sein, weil er sich nie seines physischen Organismus und der unlösbar mit ihm verbundenen materiellen Bedürfnisse wird entäussern können. Alle diese Nothwendigkeiten trägt das Individuum in das sociale Leben hinein und wird stets gezwungen sein sich denselben anzupassen. Es giebt aber auch rein sociale Nothwendigkeiten, die darauf beruhen, dass die Gesellschaft selbst eine Individualität,

---

*) Ludwig Stein: Wesen und Aufgabe der Sociologie.

ein realer Organismus ist und sich daher nicht anders entwickeln kann, als nach allgemein gültigen biologischen Gesetzen, die auch auf biologischen Nothwendigkeiten beruhen. Wie ein jeder Naturorganismus sich physiologisch, morphologisch und einheitlich bethätigen muss, so auch jeder gesellschaftliche Verband ökonomisch, juridisch und hierarchisch-politisch. Die Theilung der Arbeit, die Concurrenz, das Verhältniss zwischen Nachfrage und Angebot, das Bevölkerungsgesetz von Malthus, das Gesetz der Bodenrente von Ricardo, das von uns festgestellte embryologische Gesetz, beruhen alle auf biologischen Nothwendigkeiten. Kein Individuum, keine Gesellschaft kann sich ihnen entziehen. Ganz ebenso beruht die psychophysische Reflexwirkung zwischen den Individuen, den socialen Geweben und Organen, die Auslösung und Aufspeicherung der Nervenenergieen im socialen Nervensystem, die Projection der individuellen und socialen psychophysischen Energieen in dem umgebenden physischen Medium, die Capitalisirung der Werthgegenstände gleichfalls auf nothwendigen psychologischen Gesetzen, die ihrerseits auf die Wechselwirkung der Zellen im individuellen Nervensystem zurückgeführt werden können. Endlich unterliegt das sociale Leben dem allgemeinen Gesetz der Uebereinstimmung des Nach-, Neben- und Uebereinander alles Werdens in Zeit, Raum und Potenz. Daher birgt in ihrem Schoosse auch eine jede Gesellschaft, sogar auf der Höhe der Cultur, alle niederen Elemente und Energieen in sich, die im Nacheinander der Geschichte sich entwickelt haben und noch heute im Nebeneinander der auf niederen Entwickelungsstufen stehenden Verbände existiren.

Hr. L. Stein stellt dem Princip der Nothwendigkeit das der Zweckmässigkeit, das im socialen Leben sich als überwiegend zeigt, das Sollen dem Müssen gegenüber. Wir haben nie das überwiegende Walten des Princips der Zweckmässigkeit in der Gesellschaft geläugnet. Wir haben aber beide Principien stets als Abspiegelungen von Realitäten dargestellt, in denen keine sich absolut einseitig ausprägt, sondern stets beide gleichzeitig nur in verschiedenen Verhältnissen sich vereinigen und darstellen. Durch die Verknüpfung dieser Principien in ungleichen Verhältnissen wird der Aufbau der unendlichen Stufenleiter vom Einfachen zum

Mannichfaltigen, vom Anorganischen zum Pflanzen-, Thier-, Menschen- und Gesellschaftsleben bedingt. Diese Stufenleiter haben wir sogar durch eine mathematische Formel auszudrücken versucht, deren erstes Glied aus einem unendlich grossen materiellen Zähler neben einem unendlich kleinen geistigen Nenner besteht und das letzte, uns noch unbekannte Glied aus einem unendlich kleinen materiellen Zähler nebst einem unendlich grossen geistigen Nenner bestehen muss. Die Mittelglieder dieser Formel gehen allmählig in einander über durch Verringerung des Zählers und Potencirung des Nenners*). Das sociale Leben des Menschen nimmt nun auf dieser Leiter verschiedene, je nach der Höhe der bereits erreichten Entwickelung, Culturstufen ein ohne die absolut höchste Stufe, auf welcher der Zähler als Maass der Nothwendigkeit zu Null zusammenschrumpft, erreichen zu können. Diese Stufe gehört dem absolut freien Wesen, der Gottheit, an.

Nun ist aber die Wissenschaft speciell dazu berufen, den nothwendigen Kausalzusammenhang der Erscheinungen, also das Müssen zu ergründen. Jegliches Sollen hängt dagegen vom Können ab. Der Zweckmässigkeitsbegriff gehört daher zum Gebiete der Kunst im umfassendsten Sinne dieses Wortes. Indem die Wissenschaft die nothwendigen Gesetze des Werdens ergründet, liefert sie die Möglichkeit, bestimmte Zwecke zu erreichen, erleichtert sie das Können. Darin besteht auch die Aufgabe der Sociologie, als Wissenschaft, dem socialen Sollen und Können gegenüber. Die Socialkunstlehre geht von dem Principe der Zweckmässigkeit aus, ebenso wie die angewandten technischen Wissenschaften wirthschaftliche Zwecke verfolgen, d. h. das industrielle Können zu ihrem Gegenstande haben. Aber so wie letztere sich auf die Ergebnisse der Naturkunde stützen, muss die Socialkunstlehre ihrerseits auf den Erforschungen der Sociologie fussen. Ein Zusammenwerfen der Gebiete der Wissenschaft und Kunst hat auf sociologischem Gebiete bis jetzt nur Verwirrung verursacht und zu endlosen Wortstreitigkeiten Veranlassung gegeben.

Die Zehn Gebote und die Bergpredigt enthalten ein Sollen für

---

*) Gedanken über die Socialwissenschaft der Zukunft, Bd. II, S. 48.

jeden Christen. Aber wie kann dieses Sollen im Staatsleben verwirklicht werden? Dazu müssen die Nothwendigkeiten erkannt werden, durch die jegliches Staatsleben bedingt wird. Erst nach Ergründung und Würdigung dieser Nothwendigkeiten wird der Staatsmann sich veranlasst sehen und auch im Stande sein das christliche Sollen zu realisiren.

Hr. L. Stein giebt seinerseits zu, dass nur Naturgesetze als allgemein giltige, nothwendige Gesetze angesehen werden müssen (S. 15). Er zweifelt nur daran, dass es der Sociologie je gelingen könnte solche Gesetze zu ergründen. Die Aufzählung der obenangeführten bereits festgestellten socialen Nothwendigkeiten könnte einen solchen Zweifel heben. Aber der Hr. Verfasser stellt der natürlichen Gesetzmässigkeit noch eine Ereignissgesetzmässigkeit gegenüber, die auf statistische Zahlen, auf bestimmte Periodicitäten des socialen Geschehens, auf regelmässig sich wiederholende Rhytmen in der socialen Entwickelung, sich gründet. Der auf das Wirken einzelner Persönlichkeiten, auf bestimmte Reihenfolge von Begebenheiten und Zustände zurückzuführende Kausalzusammenhang bildet aber den Gegenstand der Geschichte und speciell der Cultur- und der Philosophie der Geschichte. Würde die Sociologie denselben Kausalzusammenhang erforschen, so würde ihr Gebiet mit diesen Disciplinen zusammenfallen und Hr. Paul Barth wäre vollständig im Recht, indem er in seiner „Philosophie der Geschichte als Sociologie“ die Sociologie und Geschichtsphilosophie gleichsetzt. Die Existenzberechtigung der Sociologie als selbstständige Wissenschaft gründet sich gerade darauf, dass sie die Erforschung der nothwendigen Gesetze des socialen Geschehens zum Gegenstand hat. Dieses kann aber nur durch Anwendung der organischen Methode erreicht werden. Die Sociologie, als selbstständige Wissenschaft, steht und fällt mit dieser Methode, da sie die einzige ist, die als Postulat die Anerkennung der menschlichen Gesellschaft als lebendes Wesen, als Individuum, als einen realen Organismus setzt. —

Die Grenzen, welche die Sociologie einzuhalten hat, werden ihr von der Biologie vorgeschrieben. Die Biologie ist auch ihrerseits gezwungen sich auf die Erforschung allgemeiner Gesetze zu beschränken. Auf die Erklärung des Kausalzusammenhanges zwischen einzelnen Ereignissen und Geschehnissen muss sie verzichten. Nehmen wir den Fall an, dass auf irgend einem Gipfel des Corsicanischen Gebirges ein Adler von ungewöhnlicher Grösse mit einem mächtigen Schnabel und ungeheuren Krallen geboren wäre. Kein Biologe würde im Stande sein, wegen der Mannichfaltigkeit der Factoren, die dabei mitgewirkt hätten, ein solches Ereigniss zu erklären. Nimmt dieser Adler seinen Flug nach Frankreich, dann nach Aegypten, Italien, Deutschland und Russland und richtet ungeheure Verwüstungen unter der Geflügelwelt an, so würde auch dieses von einem Biologen auf Grundlage der von ihm erforschten allgemeinen Gesetze nicht erklärt werden können. Ebenso wenig wird ein Sociologe eine Erklärung liefern können, woher Napoleon gerade auf der Insel Corsica geboren worden ist, woher er seinen Adlerflug vorzugsweise nach einer Richtung hin und nicht nach einer anderen gewählt hat u. s. w. Und das hat seine Giltigkeit in Hinsicht auf die Erscheinung aller ungewöhnlichen Persönlichkeiten und auf diejenigen Begebenheiten, wo der Zufall als Hauptfactor eintritt. Der Zufall hat aber in der Geschichte eine oft ausschlaggebende Rolle gespielt. Die Beschreibung des Lebenslaufes solcher Persönlichkeiten und solcher Begebenheiten liegt der Geschichte als erzählenden Wissenschaft ob, die daher auch mit Recht theilweise als eine Kunst angesehen wird. Auch ein jedes zufällige Ereigniss wird durch bestimmte Ursachen hervorgerufen, so wie auch der Wille eines jeden Individuums durch äussere Einflüsse und innere Motive determinirt. Die Mannichfaltigkeit und Complicirtheit der dabei wirkenden Factoren ist aber eine so grosse, dass sie nur ausnahmsweise und in sehr beschränktem Maasse wissenschaftlich erforscht und begründet werden können. In Hinsicht auf das sociale Geschehen ist es die pragmatische Geschichtschreibung, die diese Aufgabe zu lösen hat. Das Zusammenfassen der Begebenheiten und Zustände unter allgemeinere Gesichtspunkte gehört der Culturgeschichte und der Geschichtsphilosophie an. Die Sociologie ist dagegen auf das einzige noch freie Gebiet der Ergründung der nothwendigen Naturgesetze im socialen Geschehen angewiesen. Ueberschreitet sie die Grenzen dieses Gebiets, so erweitert sie sich zur Universalsocialwissenschaft, mit der Tendenz, alle übrigen socialen Disciplinen in sich aufzunehmen: Oekonomik, Jurisprudenz, Politik, Sprachkunde, Religion, Ethik, Aesthetik, Anthropologie, Ethnographie, Geschichte etc. Statt etwas positives zu leisten, wird die Sociologie durch eine solche Erweiterung nur zum gemeinschaftlichen Tummelplatz für zufällige und ordnungslose Ausflüge aus den benachbarten Gebieten. Daher geschieht es auch, dass Oekonomisten, Rechtsgelehrte, Anthropologen, Ethnographen und Geschichtschreiber ihre speciellen Forschungen als sociologische bezeichnen, indem sie sich darauf beschränken ihren Darstellungen einfach die Ausdrücke: Evolution, socialer Progress, Regress, Process etc. hinzuzufügen. Dabei sind sie aber zugleich ausgesprochene Gegner der organischen Methode in der Sociologie, weil ihnen gerade dasjenige Gebiet, welches als Grundlage für die Sociologie dienen muss, nämlich die Biologie, fast vollständig unbekannt und ihre ganze Auffassungsweise des socialen Geschehens keine naturwissenschaftliche, sondern entweder eine pragmatische oder eine aprioristische ist. —

Was den jetzt auf dem Gebiete der Sociologie herrschenden Wirrwarr noch steigert, das ist die von Auguste Comte eingeführte, von Spencer und seiner Schule adoptirte und von den meisten amerikanischen Sociologen weiter durchgeführte Eintheilung der Sociologie in Statik und Dynamik.

Es kann eine Statik nur in der Physik geben, weil nur die mechanischen Kräfte in's Gleichgewicht gerathen und in diesem Zustande erforscht werden können. Die Organismenwelt stellt ein beständiges Umwandeln und Umformen der Kräfte und Gestaltungen dar. Als Gleichgewichtszustände können in Hinsicht auf die Lebewesen nur diejenigen Momente angesehen werden, durch welche die Uebergänge aus einem Zustande in den anderen bezeichnet werden. Das sind aber immer nur Zustände, die dem Forscherauge entschlüpfen wie die einzelnen Tropfen eines dahinfliessenden Stromes. Für den Biologen und um so mehr für den Sociologen kann es daher nur eine Dynamik geben. Diejenigen

Erscheinungen, welche jene Sociologen unter der Rubrik Statik verzeichnen, nämlich die bestehenden Institutionen, Rechtsverhältnisse etc. bestimmen den inneren und äusseren Bau einer Gesellschaft, gehören daher in die Sphäre der socialen Morphologie. Letztere ist aber auch ihrem Wesen nach eine Dynamik, weil die Formen und Verhältnisse sich unaufhaltsam verändern. Sie befinden sich gleich den übrigen Lebensfactoren in einem beständigen Fluss. Die Biologie kennt daher auch nur eine Morphologie und keine Statik. Dieser Begriff ist, mit Umgehung der Biologie, direct aus der Mechanik auf die Sociologie fälschlicherweise übertragen worden und hat daher auf sociologischem Gebiete eine unheilsame Verwirrung angestiftet.

Bevor wir weiter gehen, suchen wir nur noch einen Blick auf das Verhältniss zu werfen, in welches die Sociologie bei Anwendung der organischen Methode zu der Culturgeschichte treten wird. Die Philosophie der Geschichte ist ihrem Wesen nach nur eine philosophisch behandelte Culturgeschichte, daher auch Alles, was wir von jenem Verhältniss sagen werden, auch auf die Geschichtsphilosophie bezogen werden kann. —

Die positive Sociologie wird sich zuvörderst zur Aufgabe stellen müssen, für die Culturgeschichte denjenigen Rahmen herzustellen, in welchem das sociale Geschehen in allen Sphären: der ökonomischen, juridischen, politischen, so wie der religiösen, ethischen und ästhetischen nothwendig vor sich gehen muss, den Rahmen, welchen das sociale Leben unter keinen Bedingungen und Verhältnissen überschreiten kann, und welcher alle geschichtlichen Begebenheiten und Ereignisse als einzelne Momente einer und derselben Evolution von Energieen umfasst.

Wie dieser Rahmen sich gestalten soll, wird von den durch die Sociologie bereits festgestellten und noch festzustellenden nothwendigen Gesetzen des socialen Geschehens bestimmt werden. Zuvörderst werden aber die Errungenschaften der Sociologie nicht ermangeln in Hinsicht auf Zeit- und Raumbestimmungen dieselbe Bedeutung für die Culturgeschichte zu gewinnen, welche die

Geologie und die Entwickelungslehre für die Naturgeschichte bereits erhalten haben.

Da die Psyche des Menschen ein Product des socialen Lebens ist, so müssen die in seiner Person und speciell in seinen geistigen Organen capitalisirten psychophysischen Energieen als Maassstab für die von ihm erreichte individuelle und sociale Entwickelungsstufe dienen. Diese Capitalisation persönlicher Energieen im socialen Medium implicirte, besonders in vorhistorischer Zeit, eine fast ebenso langwierige, durch unzählige Anomalien aufgehaltene und oft in rückschreitende Bewegung versetzte Evolution von Kräften, wie solches in Hinsicht auf die Entwickelung, Differencirung und Individualirung der Organismen im Pflanzen- und Thierreich inmitten des physischen Mediums vor sich gegangen war. Berücksichtigt man nun die geschichtlichen Epochen, so findet man, dass in ihrem Verlaufe die psychischen Anlagen des Menschen sich nur um eine geringe Stufe erhöht haben. Trotz des Evangeliums Christi haben wir in Hinsicht auf Personenwerth wenig vor den alten Römern und Griechen voraus, und haben sogar viele ihre guten Eigenschaften eingebüsst. Die moderne Cultur ist mehr eine äusserliche als innerliche, sie ist mehr auf Werthsachen als auf Personenwerthe gerichtet. Daher ist die moderne Cultur eine einseitige, ja in gewissem Sinne eine verkehrte: sie stellt das Object höher als das Subject, die Sache höher als die Person. Die Folge davon ist ein Stillstand in der Entwickelung des Culturmenschen, und dieser Stillstand kann leicht in eine Rückbildung ausarten, wenn nicht bald den jetzt obwaltenden Anomalien abgeholfen wird. —

Betrachtet man nun die menschliche Cultur von dem Standpunkte der Capitalisation höherer persönlicher Energiepotenciale aus, so schrumpfen die einzelnen welterschütternden Begebenheiten, ja ganze historische Perioden zu momentan vorübergehenden Episoden in der Entwickelung der Menschheit und des Menschen zusammen. Die Menschheit wird aller Wahrscheinlichkeit nach wohl noch Millionen von Jahren existiren. Sie wird noch tausende von historischen Epochencyklen durchleben, es werden noch tausende welterschütternde Ereignisse auf einander folgen, die Culturcentren werden sich unzählige Male von einem Punkte unseres Planeten auf andere verschieben. Die pragmatische Geschichte wird alle diese Wandlungen erzählen, aber der künftige Culturhistoriker wird ihnen den ihm von der Sociologie gebotenen Maassstab des persönlichen Werthes des Individuums und der Gesammtheiten anlegen und nach demselben den erreichten Fortschritt bemessen.

Die Astronomen und Naturforscher des Alterthums sind ausser Stande gewesen das Werden in der anorganischen und organischen Natur zu erklären, weil sie zu geringe Zeit- und Raumcoefficienten in Rechnung brachten. Erst seit Erfindung des Teleskops und Mikroskops, seit den neueren Entdeckungen der Geologie und der Begründung der Entwickelungslehre hat sich der Horizont der Naturkunde in dem Maasse erweitert, dass eine positive Naturphilosophie auf derselben begründet werden kann. Nun haben auch die Culturhistoriker stets den Fehler begangen, dass sie die Geschichte der Menschheit mit zu kleinen Zeitcoefficienten maassen, daher sie auch einzelnen Perioden, Culturcentren, Begebenheiten und Persönlichkeiten eine verhältnissmässig zu grosse Bedeutung zuerkannten. Auch hat die Culturgeschichte bis jetzt ihre Aufmerksamkeit mehr Denkmälern, Kunstproducten etc. als dem Menschen selbst zugewandt. Sie hat mehr die Zwischenzellensubstanz als die lebendigen Elemente der socialen Gesammtheiten berücksichtigt. In Folge dessen entging ihnen auch das einzige Maass, das als Norm für die Bestimmung des geschichtlichen Werdens in fort- oder rückschreitender Bewegung dienen müsste, nämlich der Mensch selbst als Product des socialen Lebens. Durch die Feststellung des socialembryologischen Entwickelungsgesetzes ist nun dieses Maass für die Culturgeschichte gewonnen. Zugleich wird auch der Horizont der Culturgeschichte durch Anknüpfung der Sociologie an die Biologie ebenso erweitert wie auch letztere durch die Entwickelungslehre an Breite und Tiefe gewonnen hat. —

Alles eben Gesagte bezieht sich auf die allgemeine Culturgeschichte, die sich der Geschichtsphilosophie anknüpft. Die speciellen Zweige der Culturgeschichte dagegen, die einzelne Länder und Epochen zum Gegenstand haben, nähern sich ihrem erzählenden Charakter nach mehr der pragmatischen Geschichtschreibung.

Diese erforscht den Kausalzusammenhang der Ereignisse und klassificirt die Epochen nach anderen Kategorieen, als die Sociologie, weil ihre Ausgangspunkte und die Zwecke, die eine jede dieser Disciplinen verfolgt, verschieden sind.

Ueber die philosophische Bedeutung der socialorganischen Theorie sind verschiedene, ja entgegengesetzte Urtheile verlautbart worden. Die Anhänger des historischen Materialismus halten die Organiker für Idealisten; die Anhänger der idealistischen Weltanschauung sehen sie dagegen als potencirte Materialisten an, indem sie von der Ueberzeugung ausgehen, dass durch die realorganische Auffassung der Gesellschaft das ideale Princip aus seinem letzten Zufluchtsort auf Erden, dem socialen Leben, in das bodenlose und wesenlose Gebiet der Materie hinausgestossen wird. —

Sehen wir nun, inwiefern die realorganische Auffassung der Gesellschaft mit einer jeden dieser beiden Weltanschauungen, der materialistischen, sowie der idealistischen, übereinstimmt und nach welchen Richtungen hin sie mit denselben sich in Widerspruch befindet. —

Die Materialisten fussen ihre Lehre auf der unlösbaren Zusammengehörigkeit von Geist und Stoff im menschlichen Individuum: keine geistige Regung ohne entsprechenden Stoffumsatz in den Nervenorganen, kein Fühlen, Denken und Wollen ohne entsprechende Auslösung von mechanischen, chemischen, physiologischen Energieen. Dem Wesen nach stimmen die Idealisten damit überein, indem sie zugeben müssen, dass zum Denken ein Gehirn und zum Fühlen und Wollen ein Nervensystem nothwendig sind. Nichtsdestoweniger erheben die Idealisten stets Einwendungen, sobald die Wissenschaft etwas Näheres über die materiellen Processe statuirt, die mit dem Denken, Fühlen und Wollen im menschlichen Körper und speciell in seinem Nervensystem gleichzeitig vor sich gehen.

Die Materialisten vergessen aber ihrerseits nur zu oft, dass der Geist seinem Wesen nach eine Kraft ist und dass zwischen

Kraft und Stoff, obgleich die eine ohne den anderen nicht denkbar ist, dennoch ein Gegensatz obwaltet, ja, dass sie sich in gewisser Hinsicht gegenseitig negiren. Eine Kraft ohne Stoff können wir weder sehen noch antasten, freilich auch den Stoff ohne Kraft nicht; aber die Kraft ist dennoch das ideale Princip, das sich uns im Stoff kund thut; daher auch die Idealisten mit Recht darauf bestehen, dass der Geist eine Kraft ist. Aber dann erweisen sie sich wiederum in ihren weiteren Ausführungen als vollständig inconsequent. Indem sie zugeben, dass der Geist eine Kraft ist, fügen sie ihrem Zugeständniss die Klausel hinzu, dass der Geist seinem Wesen nach etwas absolut Verschiedenes ist von den Kräften, die sich in der Natur kund thun. Nun läge es ihnen demnach ob, den Beweis zu liefern oder wenigstens anzudeuten, in welchem Moment und unter welchen Verhältnissen diese absolut neue Kraft sich dem menschlichen Körper zugesellt. Diesen Beweis sind sie aber bis jetzt noch schuldig geblieben, wogegen die Naturkunde die allmählige Potencirung der mechanischen, chemischen und physiologischen Energieen Schritt vor Schritt in der Organismenwelt und im Menschen erforscht hat und kein Moment hat wahrnehmen können, das als Abgrenzungszeichen zwischen diesen und den psychischen Energieen anerkannt werden könnte.

Was thun nun die Organiker? Sie suchen den Beweis zu liefern, dass im socialen Leben das Verhältniss zwischen Kraft und Stoff dasselbe ist, wie zwischen Geist und Materie in unserem Körper, dass aber im socialen Organismus die geistige Kraft sich noch höher als im Individuum potencirt, indem sie sich als sociale psychische Energieen kund thut. Dementsprechend bildet und gestaltet sich auch der Stoff im socialen Körper auf mannichfachere Weise und in freieren Formen als im individuellen Organismus. Da nun auf jeder höheren Stufe des Werdens in der Erscheinungswelt, beim Zusammengehen von Kraft und Stoff das psychische Princip immer mehr die Oberhand über das physische gewinnt, so leisten die Organiker der idealen Weltanschauung einen wesentlichen leider bis jetzt noch nicht anerkannten Dienst, indem sie den Beweis liefern, dass im socialen Organismus die Kraft im Verhältniss zum Stoff noch höhere geistige Potencen erreicht, als solches im Individuum der Fall ist. In dem fünften Bande unserer „Gedanken über die Socialwissenschaft der Zukunft: Versuch einer natürlichen Theologie“, haben wir bewiesen, dass auch die christliche Theologie die Kirche als einen erweiterten Leib Christi, also als einen realen Organismus auffasst, und dass das Verhältniss zwischen der sichtbaren und unsichtbaren Kirche seitens der christlichen Dogmenlehre ebenso gedeutet wird, wie das Verhältniss zwischen Leib und Seele im Menschen. Bis jetzt fehlte das Zwischengebiet, welches den Begriff des Individuums mit dem der Kirche substantiell verknüpfen könnte. Dieses Gebiet ist gerade von den Organikern entdeckt und erforscht worden. Auf dem von ihnen bearbeitenden Gebiete begegnen sich und reichen sich die Hände die christliche Kirchenlehre mit der Auffassung der Solidarität der Individuen im socialen Leben. Die organische Sociologie bietet demgemäss den Vereinigungspunkt zwischen Idealismus und Materialismus, zwischen Kirchenlehre und Organismenlehre.

Man wird möglicher Weise bei dieser Gelegenheit wiederum die ewig alten und immer neuen Fragen aufwerfen wollen: In welchem Theile des Körpers befindet sich die Seele bei Lebzeiten des Menschen und wo bleibt sie nach der Auflösung des Körpers? — Der Sociologe ist, als wissenschaftlicher Forscher, nicht verpflichtet auf diese Fragen eine Antwort zu liefern. Da aber die organische Sociologie neben und über dem individuellen Bewusstsein noch ein collectives, das sociale Bewusstsein, statuirt, so wollen wir diese Fragen vom sociologischen Standpunkte aus unter Anwendung der organischen Methode beleuchten.

Das sociale Bewusstsein, das aus dem Zusammenfühlen, -denken und -wollen der die Gemeinschaft bildenden Personen hervorgeht und die Einheitlichkeit des gesellschaftlichen und Staatslebens bedingt, ist ein Collectivbewusstsein. Dieses Bewusstsein ist stets im ganzen socialen Organismus und in jedem seiner Theile vorhanden. Aber nicht alle Theile sind im Stande dieselbe Höhe des Bewusstseins zu erreichen und von demselben sich leiten zu lassen. Die meisten Zellenelemente der Gesellschaft verhalten sich in Hinblick aus das Ganze instinktiv oder halbbewusst. Sogar in den höheren

Culturstaaten ist es immer nur eine verschwindend kleine Minderheit, die sich der Vereinheitlichung des Gesammtlebens vollständig bewusst ist. Im normalen Zustande müsste eigentlich die Regierung, als Centralorgan des socialen Nervensystems, diese Minderheit in sich schliessen. Das ist jedoch nicht immer der Fall, weil das Gesellschaftsleben unzähligen Anomalien ausgesetzt ist. Zu den Regierungsorganen gewinnen oft nicht blos einseitig entwickelte, sondern auch geradezu blödsinnige Elemente Zutritt. Dann findet das höhere Einheitsbewusstsein in anderen Theilen und Kreisen der Gesellschaft Zuflucht: bei den Philosophen, Gelehrten, Künstlern, in der Kirche, der Armee etc. Ein solches Wandern der höheren Bewusstseinselemente wird im socialen Organismus deshalb ermöglicht, weil die das sociale Nervensystem bildenden Elemente, die Personen, nicht mechanisch an einander geknüpft sind, sondern selbst meistentheils Wanderzellen sind und auf die mannichfachste Weise gegen die sie erreichenden socialen Reize reagiren können.

Der menschliche Körper stellt auch eine Collectivität von Einzelzellen dar. Daher ist das individuelle Bewusstsein stets auch ein Collectivbewusstsein und richtig der Ausspruch: die Seele ist ganz im ganzen Körper und ganz in jedem seiner Theile. Aber wie im socialen, so reagiren auch im individuellen Organismus nicht alle Theile gleichmässig gegen die vereinheitlichenden Reize. Die Reizwirkung und die Reaction auf die Reize erfolgt in höherem Grade im Nervensystem und in höchster Potenz im menschlichen Gehirn. Da nun aber die das individuelle Nervensystem bildenden Elemente nicht aus Wanderzellen bestehen, sondern feste Theile der einzelnen Nervengewebe und -organe bilden, so zeichnet sich das individuelle Bewusstsein, dem socialen gegenüber, durch mehr Stetigkeit und Continuität aus. Bei anormalen Zuständen, wie z. B. bei hysterischen, hypnotischen etc., erhält jedoch auch das individuelle Bewusstsein den Charakter eines wandernden Bewusstseins; es kann sich in zwei oder mehrere Bewusstseincentren spalten, wie solches z. B. beim Dedubliren des Selbstbewusstseins bei hysterischen Personen der Fall ist. Der Vergleich des individuellen Bewusstseins mit dem socialen wirft also ein helles Licht auf den Entwickelungsprocess beider. Was jedoch die Seele an und für sich ist, kann ein Sociolog ebenso wenig erklären, wie ein Naturforscher das Wesen der Kraft und ein Philosoph das Wesen des Gedankens, des Gefühls und des Willens.

Wo bleibt das sociale Bewusstsein nach Auflösung des gesellschaftlichen Verbandes, wo bleibt die Seele des Individuums nach Zerstörung des Körpers? Diese Fragen wären gleichbedeutend mit der an den Naturforscher zu stellenden Frage: was geschieht mit den in den Weltenraum sich zerstreuenden Licht- und Wärmeenergieen? Die von uns aufgestellte Hypothese eines in Analogie des Lichtäthers das Weltall erfüllenden geistigen Aethers ist als ein Versuch zur Lösung jener Fragen anzusehen. Wir verweisen daher den geneigten Leser auf das zehnte Capitel unseres „Versuches einer natürlichen Theologie", welches über die Unsterblichkeitslehre handelt*).

In welchem Verhältnisse steht nun die Lehre der Organiker zu der neu aufgetauchten Lehre des geschichtlichen Materialismus?

Beschränkt sich letztere darauf den Beweis zu liefern, dass die Gesellschaft, wie auch das Individuum, gezwungen ist zuvörderst den dringendsten physischen Bedürfnissen Befriedigung zu verschaffen und dass erst später die psychischen Energieen wirksam sein können, so muss man gestehen, dass die Anhänger dieser Lehre sich damit beschäftigen Eulen nach Athen zu tragen, indem sie eine allgemein anerkannte Wahrheit als eine neue Entdeckung anerkannt wissen wollen. Dasselbe gilt auch von der Thesis, dass der Mensch und die Gesellschaft in ihrer materiellen Existenz und in ihrem Entwickelungsgange von dem sie umgebenden physischen Medium, der Atmosphäre, der Bodenbeschaffenheit, dem Klima etc. bedingt werden. Schon in Hinsicht auf die Pflanzen- und Thiergattungen ist jedoch die Wissenschaft bereits nicht im Stande alle Factoren zu erforschen, die zur Bildung derselben mitgewirkt haben, um so schwieriger ist es in Hinsicht der verschiedenen Menschenracen und Gesammtheiten. Der bereits als falsch anerkannte materialistische Satz: der Mensch ist was er isst, würde in seiner

*) Gedanken über die Socialwissenschaft der Zukunft, Bd. V, S. 404.

Anpassung an das sociale Leben lauten: die Gesellschaft ist, was sie isst, oder im Verlaufe der Geschichte gegessen hat. Die Anhänger des geschichtlichen Materialismus haben selbst ihre Lehre freilich nicht zu einem so scharf lautenden Satz zugespitzt; erwägt man jedoch, dass sie die ganze Entwickelungsgeschichte der Menschheit als das Resultat der Wirkung ökonomischer Factoren ansehen, die doch vorzugsweise nur die Befriedigung der physischen Bedürfnisse des Menschen bezwecken, so ist man berechtigt sie denjenigen Forschern gleichzustellen, die alle Gedanken, Gefühle und Willensacte des Menschen auf die Assimilation bestimmter Nährstoffe zurückführen wollen.

Die Welt wird nicht blos durch den Hunger, dessen Ausfluss der Egoismus ist, regiert, sondern auch durch die Liebe. Im gesellschaftlichen Verbande erweitert sich die Liebe zur Sympathie. Die Sympathie aber ist ein Product der socialen Reflexwirkung. Die Anhäanger des geschichtlichen Materialismus berücksichtigen nicht, dass der Mensch als solcher und speciell der Culturmensch vorzugsweise ein Product des socialen sympathischen Lebensprocesses ist und dass das psychologische Capital, über welches er verfügt, das Resultat unzähliger Reflexwirkungen ist, die in der Urgesellschaft möglicher Weise in engerem Zusammenhange mit den ökonomischen Verhältnissen standen, die aber später unabhängig von denselben vor sich gegangen sind. Die nordamerikanischen Indianer führten ein Jägerleben und dieser Theil Amerikas kannte keine anderen ökonomischen Verhältnisse bis die ersten europäischen Ansiedler erschienen. Diese brachten ein durch Abstammung von einer höheren Race ererbtes und durch Erziehung in einem höheren socialen Medium ausgebildetes grossartiges Capital von persönlichen psychophysischen Energieen mit sich und gestalteten inmitten desselben physischen Mediums die ökonomischen Verhältnisse des Landes vollständig um. Die Anhäufung dieses persönlichen Capitals ist aber während unmessbarer vorhistorischer und historischer Epochen vor sich gegangen, ist das Resultat mannichfachster Anpassungen an die verschiedenartigsten klimatischen und tellurischen Lebensbedingungen, in welchen die Vorfahren der Ansiedler auf ihren früheren Wanderschaften sich befunden haben, das Resultat des Kampfes um's Dasein ganzer Völkerschaften und Racen, der Selection unzähliger auf einander folgender Generationen. Zur Aufspeicherung dieses Capitals haben nicht blos ökonomische, sondern noch mehr religiöse, ethische, intellectuelle und ästhetische Factoren durch Reflexwirkung mitgespielt. Heben wir nur einen dieser Factore, den religiösen, hervor. Der Pietismus, dem die ersten europäischen Ansiedler in Nordamerika huldigten, stammt aus dem Christenthum, dieses aus dem Mosaismus, die Quellen des letzteren sind vielleicht in der esoterischen Lehre des religiösen Systems der alten Aegypter zu suchen. Ist es nun möglich die Genesis, die Verbreitung und die spätere Umbildung der religiösen Ideen, die den Pietismus hervorbrachten, auf ökonomische Factoren zurückzuführen? Setzen wir nun voraus, dass Nordamerika von solchen Ansiedlern bevölkert worden wäre, welche in Folge religiöser Ueberzeugungen und Dogmen, keine Fleischnahrung, keine Baumwollenkleidung, keine Metalle gebrauchen dürften; würden die ökonomischen Verhältnisse des Landes dann nicht ganz andere sein als die gegenwärtigen?

Es sind also vorzugsweise Ideen und nicht ökonomische Verhältnisse, durch welche die Welt regiert wird, aber der Organiker fügt nur noch hinzu: nicht individuelle, sondern sociale Ideen. Der vereinzelte Gedanke des Individuums hat weder einen socialen, noch geschichtlichen Werth; er erhält einen solchen nur insofern er durch Wort, Schrift, Kunstproduct anderen Menschen mitgetheilt, in's Fleisch und Blut, durch Reflexwirkung, in andere individuelle Nervensysteme hinübergetragen wird und auf diesem Wege zum Gemeingut des socialen Nervensystems einer Nationalität, einer religiösen Gemeinschaft, oder der ganzen Menschheit wird. Die zehn Gebote hätten weder einen nationalen Werth für das jüdische Volk, noch einen universellen für die Menschheit erhalten, hätte Moses die Tafeln auf dem Sinaï liegen lassen ohne den Inhalt derselben dem Volke mitzutheilen. Wäre Christus in der Wüste geblieben und hätte seine Lehre nicht unter seinen Jüngern verbreitet, so wäre das Christenthum mit dem Stifter desselben erloschen. Nur das immer weitere Kreise umfassende christliche Zusammenfühlen, -denken und -wollen der Menschen hat dem Christenthum die Bedeutung einer Weltreligion verliehen.

Ebenso verhält es sich mit dem sogenannten Heroencultus, als dessen Hauptvertreter Carlyle anzusehen ist. Unzählige Heldenthaten sind in der Geschichte spurlos verklungen, unzählige, ungenannte Helden sind ruhmlos auf den Schlachtfeldern gefallen, unzählige Denker, Forscher und Künstler sind ihren Ueberanstrengungen und inneren Kämpfen erlegen. Diejenigen Persönlichkeiten, die sich zu geschichtlichen Heroen emporgeschwungen, haben es Umständen zu verdanken, die sie in's Centrum erhöhter psychophysischer Reflexwirkung der Zeitgenossen gestellt haben. Alexander von Macedonien, Peter der Grosse, Friedrich der Grosse, Napoleon erscheinen in der Geschichte als hervorragende Thätigkeits- und Culturcentren, weil sie in höherer Potenz social gelebt und gewirkt haben. Ihre Persönlichkeiten stellen solche Zellenelemente in den betreffenden socialen Nervensystemen dar, um die sich neue Gewebe und Organe gebildet haben und die dazu beigetragen haben die früheren aufzulösen und umzugestalten. Das ist aber auch hauptsächlich nur auf dem Wege der socialen Reflexwirkung geschehen. Da nun das historische Heldenthum nicht ausschliesslich auf den inneren ethischen Werth der Persönlichkeit, wie solches in Hinsicht auf den Stifter des Christenthums der Fall ist, sondern meistentheils auf äussere Verhältnisse und Umstände zurückzuführen ist, so ist ein Heroencultus in dem Sinne, wie ihn Carlyle versteht, ein moralisches Unding. Er ist gleichbedeutend mit der Vergötterung des nicht selten durch Zufall erreichten Erfolges, des fait accompli. Hervorragende Denker, Forscher und Künstler können ihrerseits schon deshalb nicht als cultuswerth gelten, weil sie immer nur specielle, meistentheils einseitige Potencen psychischer Energieen repräsentiren. Nur der höhere Allmensch kann als Object des Cultus dienen, und ein solcher war Christus.

Die Sprache muss als das Ur- und Hauptmittel jeglicher socialen Reflexwirkung anerkannt werden; Schriftzeichen, sowie Kunstproducte können nur als Hilfsmittel zu Erreichung desselben Zwecks angesehen werden. Daher könnten die Organiker der Thesis der Anhänger des historischen Materialismus, die Menschheit sei nämlich zu dem geworden, was sie gegessen hat, den Satz gegenüberstellen: die Menschheit ist zu dem geworden, was sie gesprochen hat. Das Wort ist stets der Träger der intellectuellen, religiösen, ethischen, ästhetischen, auch der ökonomischen, rechtlichen und hierarchisch-politischen Reflexwirkung bereits in der Urgemeinschaft der Menschen gewesen; im Verlaufe der Geschichte ist es allmählich durch Ausbildung der höheren socialen Nervenorgane im Menschen und in der Gesellschaft, durch Aufspeicherung stets höherer psychischer Energieen in den individuellen und socialen Nervensystemen, zu Fleisch geworden. Im Allmenschen Christus hat die Fleischwerdung des Wortes eine solche Höhe erreicht, dass das Wort, das ihn zu derselben erhoben hat, als Gottes Wort von der christlichen Dogmenlehre aufgefasst wird.

Indem wir solches aussprechen, wollen wir nicht Theologie treiben, sondern nur andeuten, dass die organische Methode, weit entfernt zu einer materialistischen Weltanschauung zu führen, im Gegentheil die Mittel bietet die Ergebnisse der Naturkunde mit den religiösen Strebungen und Satzungen in Einklang zu bringen.

Wir wollen schliesslich nur noch den Gegensatz hervorheben, den die ökonomisch-materialistische und die psychoorganische Auffassungen des socialen Geschehens vom Standpunkte des Fortschritts bekunden. Der ökonomische Fortschritt besteht in einer stets umfassenderen Arbeitstheilung, in einer stets intensiveren wirthschaftlichen Concurrenz, in einer Capitalisirung stets grösserer Werthe, in einer stets complicirteren Geldwirthschaft. Das Geld, als allgemeines Tauschmittel und Preisnorm stellt eine quantitative Grösse dar und drückt der ökonomischen Sphäre in allen ihren Verrichtungen und Gestaltungen nothwendig einen vorzugsweise mechanischen Charakter auf. Der ökonomische Fortschritt führt also zum steigenden Mechanismus und dieser befördert seinerseits die egoistischen Triebe im socialen Leben. Vom Standpunkte der organischen Auffassung des socialen Geschehens besteht dagegen der Fortschritt in einem steigenden Ueberwiegen des Psychismus über den Mechanismus, der altruistischen Triebe über die egoistischen. Das durch den organischen Reflexprocess bewirkte Zusammenfühlen, -denken und -wollen entspringt der auf Sympathie begründeten Tendenz des Einzelnen seinen psychischen Energieen Ausdruck zu verleihen in der Absicht Anklang bei seinen Mitmenschen zu finden ohne gleichwerthige Gegendienste von denselben zu fordern; der auf dem Gesetze der Nachfrage und des Angebots begründete ökonomische Tauschhandel von Werthgegenständen und -diensten hat dagegen zu seiner Devise: gieb weniger und erhalte mehr, verkauf theurer und kauf billiger. Der Reflexprocess bezweckt den Austausch und die Verbreitung von Ideen, sowie die Aufspeicherung höher potencirter psychischer Energieen in den Personen und im socialen Nervensystem; der ökonomische Process hat dagegen zum Zweck die Besitzergreifung und den Austausch von Sachen, sowie die Ansammlung von Werthgegenständen. Zwischen Idee und Werthobject waltet derselbe Gegensatz ob, wie zwischen Kraft und Stoff, und je höher die Idee desto schärfer tritt dieser Gegensatz hervor.

Dieses möge genügen, um die idealistische Tendenz der organischen Methode zu bezeichnen. Aber der Organiker, als wissenschaftlicher Forscher, ist verpflichtet, den Process zu ergründen, durch welchen die Genesis, der Austausch, die Verbreitung und die Capitalisirung der Ideen bedingt wird und dieser Process ist kein rein psychischer, sondern ein psychophysischer in der Gesellschaft, wie auch im Individuum. Und als ein psychophysischer kann dieser Process wiederum nur dann anerkannt werden, wenn die Gesellschaft selbst als ein lebendiges Individuum, d. h. als ein realer Organismus aufgefasst wird. Wer die Realität des socialen Organismus leugnet, entzieht der Wissenschaft das Object selbst der Forschung. Dann ist die Anwendung der realvergleichenden und inductiven Methode im naturwissenschaftlichen Sinne unmöglich und der Forscher ist gezwungen sich der aprioristischen Methode zu bedienen, die bis jetzt sich als vollständig unfruchtbar auf socialwissenschaftlichem Gebiete erwiesen hat. Als ebenso resultatlos hat sich aber auch die auf den Vergleich verschiedener socialer Gestaltungen und Verrichtungen begründete Methode erwiesen, weil mit Hilfe derselben immer nur zufällige historische Ereignisse und Ergebnisse unter einander verglichen werden konnten, die unmöglich zur Entdeckung oder Feststellung irgend welcher nothwendigen Gesetze des socialen Geschehens führen konnten. Daher gehört auch die Mehrzahl der Anhänger der historisch-vergleichenden Methode zu den Skeptikern, die da behaupten, dass es überhaupt keine Gesetze im naturwissenschaftlichen Sinne für das sociale Werden giebt und geben kann. Diese Behauptung, die schon logisch als unhaltbar anerkannt werden muss, ist seitens der Organiker bereits auch factisch widerlegt worden durch Feststellung einer ganzen Reihe positiver Gesetze, die dem socialen Leben gemeinsam sind mit dem Leben in der Natur. Die Leistungen der Sociologen in dieser Richtung haben bis jetzt seitens der Antiorganiker keine Würdigung erfahren, weil letzteren die naturwissenschaftliche Auffassung des socialen Geschehens vollständig fremd ist, sie auch nicht über die nothwendigen biologischen Kenntnisse verfügen, um den tieferen Sinn, die Tragweite und den philosophischen Werth der Errungenschaften der positiven Sociologie zu würdigen. Wofür man kein Verständniss und keinen Sinn hat, das wird angefeindet. Das ist leider auch ein Gesetz des socialen Geschehens.

Fassen wir noch in aller Kürze die Einwände, die gegen die Anwendung der organischen Methode in der Sociologie vorgebracht worden sind, zusammen. Da diese Methode auf der Anerkennung der menschlichen Gesellschaft als eines individuellen Lebewesens, als eines realen Organismus fusst, so sind die Antiorganiker beflissen, zuvörderst den realen Charakter des socialen Geschehens zu negiren.

1. Die einzelnen socialen Gruppen und die Staaten als politische Einheiten bestehen nicht, erwidert man, aus fest zusammengefügten Geweben und Organen, wie die pflanzlichen und thierischen Organismen, sondern aus Personen, die sich frei im Raum bewegen, die unter einander nur ausnahmsweise und zufällig in unmittelbare substantielle Berührung gelangen, die den Verband, dem sie angehören, willkürlich verlassen und in andere Verbände treten, ja, die zu mehreren Gemeinschaften zugleich gehören können.

Alle Einwände, die auf Raum- und Zeitverhältnisse zurückzuführen sind, haben wir durch die vorhergehenden Auseinandersetzungen bereits widerlegt. Wie verhält es sich aber mit der nacheinanderfolgenden oder gleichzeitigen Zugehörigkeit desselben Individuums zu verschiedenen Gemeinschaften?

Die socialen Verbände haben wir als Nervensysteme bezeichnet. Zwischen den Begriffen von Körper und System wird von der Naturkunde kein wesentlicher Unterschied statuirt. Ein jeder feste Körper stellt ein System von in Bewegung begriffener Atome und Moleküle dar, ebenso wie unser Sonnensystem aus Weltkörpern besteht. In beiden Fällen gehen die Bewegungen nach denselben mechanischen Gesetzen vor sich. Ganz ebenso entwickelt sich das sociale aus Individuen bestehende Nervensystem nach denselben Gesetzen, wie die vielzelligen Organismen und speciell wie das aus Neuronen bestehende individuelle Nervensystem. Wie im socialen, so giebt es auch in dem pflanzlichen und thierischen Organismus Wanderzellen, obgleich in geringerem Verhältniss zu denen, die in den festen Geweben und Organen gebunden sind. Daraus geht nun klar hervor, wie derselbe Mensch nach einander oder gar gleichzeitig zu zwei oder mehreren Verbänden gehören kann. Im Nacheinander geschieht es auf dieselbe Weise, wie das Hinüberirren der Kometen aus einem Weltsystem in das andere. Sollte nun aber ein Himmelskörper von der Grösse unserer Sonne sich uns nähern, so würde die von einem solchen Körper ausgeübte Anziehungskraft eine Störung des Gleichgewichts in unserem Sonnensystem hervorbringen. Die zum neuerschienenen Himmelskörper näher gelegenen Planeten würden von ihm stärker als die übrigen angezogen sein. Es würde ein Kampf zwischen zwei Anziehungscentren entstehen und im Verlaufe dieses Kampfes würde ein Theil der Planeten zugleich von beiden Centren in ihren Bahnen beeinflusst werden; sie würden also zu beiden Systemen zu gleicher Zeit gehören. Eine solche Störung in den Gleichgewichtsverhältnissen der westeuropäischen Staaten hat im Mittelalter die Papstgewalt ausgeübt. Die Gemüther gravitirten nach zwei entgegengesetzten Attractionscentren, zum Königthum, in Deutschland der kaiserlichen Gewalt, und zum Papstthum. Die Personen, deren Gemüth nach zwei Richtungen hin sich hingezogen fühlte, gehörten gleichzeitig zu zwei verschiedenen socialen Nervensystemen, deren Functionen nicht übereinstimmten und die zeitweilig auch im offenen Kampfe unter einander standen. Man vergesse aber nicht, dass die Zusammengehörigkeit der Individuen im Gesellschaftsverbande nicht durch mechanische, sondern durch psychophysische Energieen bestimmt wird. Die psychophysische Affinität ist das Band, das die Menschen aneinander in der Gesellschaft knüpft und das auch nur durch psychophysische Dissimilation gelöst werden kann. Im socialen Organismus entsprechen die geistigen und ethischen Energiebrennpunkte den Anziehungscentren der Schwerkraft, der durch Reflexe sich kundthuende sociale Energiewechsel der mechanischen Bewegung im Weltraum. Da aber die Spirale, nach welcher die Energieen sich zu höheren Potencirungen erheben, eine zwar allmählich aufsteigende, aber doch stets zu denselben parallelen Punkten wiederkehrende Orbite durchläuft, so finden sich auch in den höheren Sphären stets Entwickelungszustände, die mit den niederen übereinstimmen oder ihnen analog sind. Eine derartige Analogie stellen uns, abgesehen von der Höhe der Energiepotencialen, die socialen und die mechanischen Systeme dar. So weitgreifend diese Analogie erscheinen mag, so wirft sie dennoch ein klares Licht auf das Geschehen im Weltraume und im socialen Leben.

In seiner aufsteigenden Bewegung auf der Spiralbahn zu höheren Entwickelungsstadien geräth der sociale Organismus auch in Hinsicht der Organismenwelt in perihelische und perigäische Stellungen, die ihn den niederen Organismen näher bringen, als den höheren Ordnungen der Lebewesen. So zeigt das sociale Nervensystem in Hinsicht auf die Beweglichkeit der einzelnen Elemente und die Veränderlichkeit der Structur so manche Analogieen mit den niederen Gattungen des thierischen Lebens. Das rechtfertigt den Vergleich des socialen Geschehens mit dem Werden in der ganzen Organismenwelt. Es müssen dabei nur auch stets die Differenzen in der Potencirung der Energieen gehörig gewürdigt und hervorgehoben werden. Und solches ist seitens der Organiker auch stets beobachtet worden. Es ist ihnen daher mit Unrecht der Vorwurf gemacht worden, dass von ihnen der sociale Organismus mit den natürlichen identificirt werde. Die Aufstellung einer Analogie implicirt noch keine Identificirung, sondern weist nur auf bestimmte Annäherungspunkte zwischen der Evolution des socialen Geschehens und dem Werden in der Natur hin.

2. Die sociale Individualität wird nicht, wie man behauptet, geboren und unterliegt nicht dem Tode, gleich den Einzelorganismen.

Alle gesellschaftlichen Verbände, alle Staaten, sind ursprünglich durch Theilung der bereits bestehenden entstanden. Das geschieht auch noch heutigen Tages bei jeder neuen Colonisation, die zu einem mehr oder weniger selbstständigen Gesammtleben der Tochtergesellschaft führt. Durch Theilung haben sich auch alle Naturorganismen ursprünglich vermehrt; die Sporenbildung, die Befruchtung auf geschlechtlichem Wege sind nur Modificationen der ursprünglichen Vermehrung durch Theilung.

Man wird wohl erwidern, dass die meisten Staaten durch Eroberung gegründet worden sind. — Nun implicirt aber eine jede Eroberung ihrem Wesen nach einen Befruchtungsprocess. Beobachtet man, wie die Spermatozoën in zahlreichen Schaaren die weibliche Zelle umschwärmen und gewaltsam in dieselbe eindringen, so hat man ein Bild des Kampfes zwischen einer unternehmenden, beweglicheren, activen Bevölkerung und einer verweichlichten und passiven. Siegt erstere, so wird die besiegte Bevölkerung bezwungen, unterworfen, unterjocht, das passive weibliche Element von dem activen männlichen. Mit der Zeit vereinigen sich aber beide, verschmelzen in einander, und es entsteht ein neuer, umgewandelter Organismus, eine Einheit aus der Zweiheit. In einer solchen Umwandlung und Vereinheitlichung zweier Elemente besteht aber dem Wesen nach auch ein jeder natürliche Befruchtungsprocess. Bei Aufstellung dieser Analogieen haben wir den ethischen Factor nicht in Berücksichtigung gezogen, obgleich wir dessen Werth vollständig anerkennen. Bei der Mannichfaltigkeit jedes socialen Geschehens ist es unmöglich alle Factore bei jeder Auseinandersetzung von Neuem aufzuzählen.

Der Tod ereilt ebenso die socialen Verbände, ja ganze Staaten, wie auch die Einzelorganismen. Die Ausrottung durch Krieg, das

Verschwinden von der Erdoberfläche in Folge tellurischer Kataklysmen ganzer Bevölkerungen fallen mit dem Tode der Gesammtheiten, die sie gebildet hatten, zusammen. Aber auch die allmählige Auflösung einer Gesellschaft durch Krankheit, Desorganisation, Erschöpfung, Lähmung der Lebenscentren, Versiegung der Lebensquellen, ist möglich, obgleich diese Zustände nicht in so kurzer Zeit und unter so auffallenden Symptomen verlaufen, wie solches mit dem Individuum der Fall ist. Diese Zustände, ihre Entstehung und ihre Folgen haben wir in unserer Socialen Pathologie ausführlich beschrieben*). Eine Bevölkerung, die das Bewusstsein ihrer Einheit vollständig verloren hat, bildet nicht mehr ein organisches Uebereinander, sondern nur ein Nebeneinander, gleich den Bäumen eines Waldes und den Grashalmen einer Wiese. Als concreten Organismus hat eine solche Gesellschaft zu existiren aufgehört; sie ist in ihre einzelnen Bestandtheile zerfallen; sie bildet nur eine discrete Collectivität. Spencer und seine Anhänger halten aber ihrerseits sogar bewusst lebende Staatsverbände für discrete Collectivitäten. Zu welchen Einseitigkeiten eine solche Auffassung führt, haben wir bereits früher angedeutet.

3. Spencer hat die Einwendung erhoben, dass die Organismen, namentlich die zu den höheren Ordnungen gehörenden, symmetrisch gebaut sind, wogegen der sociale Organismus die Negation jeglicher Symmetrie darstellt.

Nun verfügt aber ein jeder selbstständige sociale Organismus über Centralorgane, um welche die verschiedenen Klassen der Bevölkerung sich schichtenweise, die höheren näher, die niederen entfernter lagern. Ein jeder Staat stellt eine Hierarchie von Zellen, Geweben und Organen dar, und in der Anordnung dieser Verbände zweiter, dritter u. s. w. Kategorieen untereinander und in Hinsicht auf die Centralgewalten, bekundet sich gerade der symmetrische Bau jedes Staates. Die Anordnung und Symmetrie wird im socialen Organismus selbstverständlich nicht blos durch mechanische und chemische Factoren, wie in den Naturorganismen, bewirkt, sondern auch durch psychische; es waltet aber in Hinsicht

*) La Pathologie Sociale, Bd. II der Bibliothèque sociologique internationale.

auf die Symmetrie, wie auch in allem Geschehen, stets nur ein gradueller und kein absoluter Unterschied zwischen Gesellschaft und Einzelorganismus ob. — In unserer Schrift: La Méthode graphique en Sociologie*) haben wir die concentrische Aufschichtung der verschiedenen socialen Elemente graphisch dargestellt und somit auf geometrischem Wege die Symmetrie in dem Bau der socialen Verbände bewiesen.

4. Die Gesellschaft, wendet man schliesslich ein, verfügt über kein gemeinsames Sensorium; sie bildet kein bewusstes und selbstbewusstes Ich, wie jedes Individuum; sie stellt nur eine Collectivität von Gefühls- und Bewusstseinszuständen dar.

Die positive Psychologie und namentlich die Psychiatrie sind zum Ergebniss gelangt, dass das individuelle Sensorium und Bewusstsein gleichfalls nur ein collectives ist, indem es als Resultat des Zusammenwirkens und -lebens aller den Organismus bildenden Zellenelemente angesehen werden muss. Das individuelle Bewusstsein bildet demgemäss eine sich stets verändernde Grösse; jedes folgende Moment ist es ein anderes als im vorhergehenden; es unterliegt Unterbrechungen, wie z. B. durch den Schlaf; es ist ein periodisches, indem es stets zwischen erhöhten Spannungs- und Gleichgewichtszuständen schwankt; es ist ausserdem ein wanderndes, indem es durch äussere Reize, Erinnerungen, innere Spannungen latenter Energieen aus einem Theil der Centralorgane in einen anderen hinübergetragen wird und zeitweilig an denselben haften bleibt. Allem diesem entsprechen auch die verschiedenen Gefühls- und Bewusstseinszustände der Gesellschaft. Sie stellen auch Collectivzustände dar, unterliegen Unterbrechungen, periodischen Schwankungen, mannichfachen Wandelungen. Denn das sociale Zusammenfühlen, -denken und -wollen stellt nicht blos eine Summirung der individuellen Zustände dar, sondern bildet das Resultat einer auf organischem Wege erlangten Vereinheitlichung und dasselbe ist auch in Hinsicht des individuellen Bewusstseins der Fall. Das sociale Bewusstsein ist dem individuellen nicht blos

*) In den Bänden III und IV der Annales de l'Institut international de Sociologie.

analog, sondern zugleich auch homolog, indem es eine organische Potencirung der psychophysischen individuellen Energieen darstellt. Diejenigen, die solches läugnen, müssen zuvörderst die Ergebnisse der Psychologie und Psychiatrie widerlegen; bis solches nicht geschehen ist, ist der Sociolog berechtigt sich auf dieselbe zu stützen und die sociale Psychologie auf Grundlage der individuellen aufzubauen. —

Alle diese Einwendungen entspringen einer gemeinschaftlichen Quelle, nämlich dem Umstande, dass der sociale Körper oder, um unsere Terminologie beizubehalten, das sociale Nervensystem sich dem Beobachter nicht als eine plastische, durch bestimmte Formen begränzte Gestaltung darstellt gleichwie die Einzelorganismen, sondern als eine in Raum und Zeit discrete Collectivität. Wir haben gesehen, wie unbegründet und unwissenschaftlich eine solche Anschauung ist. Ein jedes einzelne Glied einer socialen Gesammtheit kann letztere als Ganzes durch seine Sinne ebenso wenig auffassen, wie eine Zelle den Zellenstaat, zu dem sie gehört. Die Gewebe, Organe und der gesammte Organismus stellen sich der einzelnen Zelle gewiss als ein Wirrsal von scheinbar ordnungslosen Bewegungen dar, an denen sie nur unbewusst und instinctiv theilnimmt indem sie die ihr obliegenden Functionen erfüllt. Obgleich nun der Mensch, als psychophysisch höher potencirtes Wesen, sich seiner Stellung im socialen Verbande mehr bewusst ist, so entgeht ihm dennoch ebenso die Gesetzmässigkeit des socialen Geschehens in seinem Zusammenhange wie der einzelnen Zelle, und als Beweis dafür möge die noch jetzt sogar von hervorragenden Geistern ausgesprochene Ueberzeugung dienen, dass es überhaupt keine Gesetzmässigkeit für das sociale Werden gebe. Um über die plastischen Formbildungen des socialen Körpers zu urtheilen, müsste der Mensch mit anderen Organen begabt sein, als über welche er jetzt verfügt. Aus demselben Grunde kann er sich auch kein Bild von der psychophysischen Vereinheitlichung des socialen Bewusstseins machen. Er fasst nur die Bewegungen und Functionen der einzelnen Factoren auf, die zur Herstellung desselben führen. Er fühlt, denkt und will nur als Individuum; wie das Ganze fühlt, denkt und will, ist ihm eine unbekannte Grösse, obgleich er instinctiv, halbbewusst und nur ausnahmsweise bewusst zur Herstellung des Ganzen durch sein Wirken beiträgt, wie auch die Zelle im Zellenstaate.

Aber wie die Einheit der Weltsysteme nur in ungeheuren Entfernungen wahrnehmbar ist, so lässt sich das sociale Bewusstsein erklären und mit dem individuellen in Einklang bringen, wenn man es von der Höhe der religiösen Anschauung betrachtet. Das Christenthum lehrt: nicht ich fühle, denke und will, sondern eine höhere Macht in mir; in Gott leben, weben und sind wir. Ebenso fühlt, denkt und will, wenn man sich auf den religiös-christlichen Standpunkt stellt, nicht die einzelne Gesammtheit und die Menschheit als Ganzes, sondern es waltet Gott in jedem menschlichen Zusammenleben, sowie in der ganzen Geschichte der Menschheit. Möge dieser Ausblick dazu beitragen, die Ueberzeugung hervorzurufen, dass die organische Methode in der Sociologie nicht zu einer materialistischen, sondern, wenn richtig verstanden und angewandt, zu einer idealistischen Weltanschauung führt.

Obgleich nun die vorhergehenden Einwendungen als unbegründet anerkannt werden müssen, so tragen sie dennoch einen wissenschaftlichen Charakter an sich. Zu einer ganz anderen Kategorie von Einwendungen gehören diejenigen, die aus einer vollständigen Unkenntniss der Errungenschaften der heutigen Biologie und positiven Psychologie, sowie aus einer falschen und oberflächlichen Auffassung der organischen Methode selbst stammen.

Nur auf diese Weise lassen sich folgende von einigen Antiorganikern aufgeworfene Fragen erklären:

Was kann es Gemeinsames zwischen einem Elephanten und einer Monarchie, zwischen einem Wallfisch und einer Republik geben?

Diese Frage wäre ebenso zu beantworten, als die etwa an einen Geologen oder Astronomen gerichtete Frage: was kann es Gemeinsames zwischen einem Sandkorn und dem Planeten Jupiter, zwischen einem Kieselstein und dem Polarstern geben?

Die Antwort kann nur lauten: die Verschiedenheiten beruhen auf Raum-, Zeit- und Potenzverhältnissen, das Gemeinsame ist die Gesetzmässigkeit in dem Geschehen.

Ein anderer Antiorganiker stellt die Forderung, man möge ihm doch die Hände, die Füsse, die Nase, die Augen und Ohren und die übrigen Glieder des socialen Organismus zeigen.

Da jeglicher gesellschaftliche Verband aus Individuen besteht, so schliesst er auch alle Energieen, durch welche das individuelle Leben bedingt wird, in sich. Im socialen Organismus walten demzufolge nicht blos psychische, sondern auch chemische und mechanische Kräfte, aber in einer anderen, den socialen Zwecken entsprechenden Anordnung und Zusammensetzung. Der sociale Organismus hat keine Hände und Füsse, aber die psychophysischen Energieen, auf deren Wechselwirkung das vereinheitlichte sociale Leben beruht, lösen sich wie im Einzelorganismus, als letztes Resultat, schliesslich auch in mechanischer Arbeit aus, wie wir solches bereits auseinandergesetzt haben. So giebt es auch keine sociale Augen und Ohren, aber die specifischen Energieen, die sich in den Individuen zu diesen Organen differenciren, erfahren eine Steigerung im socialen Leben durch das vereinheitlichte Wirken einer grösseren oder geringeren Zahl von Individuen, die gemeinsam ihre speciellen Begabungen und Talente entwickeln und ausbilden. In diesem Sinne ist eine Akademie der Künste ein sociales Organ, welches in Hinsicht auf die plastischen Künste dem Sehvermögen, in Hinsicht auf die Tonkunst dem Gehör entspricht.

Ein französischer Pseudosociolog erkundigt sich sogar voller Besorgniss, wo die Secretionen des socialen Organismus bleiben und wo die Auswurfskanäle sich befinden. — Solche Antiorganiker wollen den socialen Organismus nicht blos sehen und betasten, sondern ihn auch noch riechen.

Eine ganz besondere Kategorie bilden diejenigen Kritiker der organischen Methode in der Sociologie, die, statt das Wesen derselben aufzufassen, sich damit begnügen, einzelne, möglicherweise unter hunderten von anderen, missglückte Analogieen zwischen dem Geschehen im socialen Leben und in der Organismenwelt hervorzuheben, um auf diesem Wege die Methode selbst anzugreifen. Ein solches Verfahren erweist sich um so leichter, als sogar alle Organiker noch lange nicht nach allen Richtungen hin in der

Auffassung des socialen Geschehens übereinstimmen. Giebt man nun auch zu, dass von einigen Organikern einzelne Analogieen voreilig und oberflächlich aufgefasst worden sind, so kann dieses ebenso wenig als ein Beweis gegen die organische Methode in der Sociologie dienen als etwa die seitens einzelner Naturforscher gemachten ungenauen Beobachtungen und Experimente für die Unbrauchbarkeit der inductiven Methode in der Naturkunde vorgebracht werden könnten. Das grosse Publikum, das die theilweise sehr umfangreichen Werke der Organiker nicht liest, urtheilt über den Werth der organischen Methode nach diesen, aus dem ganzen Zusammenhange des Systems einzeln herausgerissenen Beispielen. Von diesem Schicksal werden übrigens alle neu aufgestellte sowohl philosophische, als auch naturwissenschaftliche Systeme erreicht. Gegen die Evolutionslehre Darwin's ist dasselbe Verfahren in Anwendung gebracht worden. Eine illustrirte Zeitung producirte eine Reihenfolge von Figuren: die erste stellte ein Weichthier dar, dann folgte eine Schlange, ein Krokodil, eine Gans, eine Giraffe, ein Esel, ein Affe und schliesslich ein moderner Stutzer in einem Paletot mit einem Cylinder auf dem Kopfe, einem Monocle im Auge und einer Cigarre im Munde. Diese Carricatur war mit der inhaltsreichen Aufschrift versehen: Die Evolutionstheorie Darwin's. Durch ein solches Verfahren kann ein wissenschaftliches System nicht widerlegt werden, am wenigsten die organische Theorie in der Sociologie, da sie auf bereits erwiesene Errungenschaften der Biologie und der positiven Psychologie gegründet ist. Um jenes sociologische System zu erschüttern, müssen zuvörderst diese Errungenschaften als unbegründet anerkannt werden. Die Antiorganiker umgehen aber sorgfältig diese Seite des ganzen Systems, um nur einige vorgeschobene Punkte desselben anzugreifen. Mögen nun einzelne unter der Zahl dieser letzteren sich auch als zu schwach begründet erweisen, so bleibt doch die Citadelle stehen, in welcher die Hauptmacht des ganzen Systems concentrirt ist, nämlich die unauflösliche Verknüpfung alles Geschehens in der menschlichen Gesellschaft mit dem Werden in der Natur.

Die Grundthesis der Organiker: nihil est in societate quod non prius fuerit in natura kann ebenso wenig vom idealistischen, als auch vom materialistischen Standpunkte erschüttert werden. Denn die Idealisten müssten aus dieser Thesis zu dem Schluss gelangen, dass Gott in der Natur, wie auch in der Geschichte nach denselben Gesetzen waltet und seinen Willen kund thut. Die Idealisten könnten daher die Thesis durch den Zusatz nisi Deus vervollständigen, gleichwie die Spiritualisten zu der Thesis der Sensualisten: nihil est in intellectu quod non prius fuerit in sensu das nisi intellectus hinzufügten. Indem die Materialisten das Walten höherer geistiger Kräfte läugnen, sind sie ihrerseits gezwungen sich auf dieselbe Thesis zu beziehen. Weder von der einen, noch von der anderen Seite können also die Grundlagen der organischen Theorie erschüttert werden.

Es ist mit Recht hervorgehoben worden, dass die Sociologie den Kampf mit den Vorurtheilen zu ihrer Devise hat. — Die Vorurtheile der modernen Gesellschaft entspringen nicht dem längst überwundenen Aberglauben an den bösen Blick, an Hexen und Teufel; heutzutage werden sie genährt durch falsche wissenschaftliche Anschauungen, Parteigeist und politische Leidenschaften, die, wie die religiösen im Mittelalter, sich bis zum Fanatismus steigern. Die auf naturwissenschaftlicher Basis gegründete Sociologie hat nun gerade zu ihrer Aufgabe alle derartige Vorurtheile zu bekämpfen, woraus denn auch die Gründe klar werden, woher sie von so vielen Seiten mit Leidenschaftlichkeit und Rücksichtslosigkeit bekämpft und angefeindet wird.

Ehe wir weiter gehen, wollen wir auf die Bedeutung aufmerksam machen, welche die Anwendung der organischen Methode in der Sociologie auch für die Biologie und namentlich für die Physiologie haben könnte.

Ist die menschliche Gesellschaft ein realer Organismus, so muss sie den drei Normen alles Geschehens in der lebendigen Substanz unterworfen sein, nämlich dem Wechsel des Stoffes, der Form und der Energie. Herr Verworn bezeichnet das dem Energiewechsel zu Grunde liegende Princip als ein fortwährendes Aufspeichern potencieller chemischer Energie und ein Ueberführen derselben in andere Energieformen*). Im socialen Organismus potencirt sich die ursprüngliche chemisch-mechanische Energie zu specifischen psychischen Energieen und der Energiewechsel erhält in demselben den Charakter eines psychischen Energiewechsels. Letzterer wird seinerseits auch stets von einem entsprechenden Stoff- und Formwechsel begleitet, wie wir solches in den vorhergehenden Darlegungen ausgeführt haben. Das Geschehen im socialen Organismus ist also im Princip dasselbe wie in der ganzen Organismenwelt. Nun gehört aber die Energetik zu den dunkelsten und am wenigsten durchforschten Gebieten der Physiologie; die Umsetzungen der Energieen aus einer Form in die anderen sind noch lange nicht erklärt, ja, die Begriffe der einzelnen Energieformen sind bis jetzt noch nicht fixirt worden**).

Es frägt sich nun: sollte der in höheren Potentialen und auf breiterer Basis vor sich gehende sociale Energiewechsel, auf dem Wege des Vergleichs mit dem Geschehen in den Einzelorganismen, nicht einiges Licht auf letzteres werfen können? Der Ausspruch von Johannes Müller: die Physiologie kann nur zu definitiven Resultaten führen, wenn sie eine vergleichende wird, müsste im umfassendsten Sinne durch Hinzuziehung des socialen Organismus in den Kreis des physiologischen Forschens seine Ausführung finden.

Die Embryologie stellt ein ebenso dunkles Gebiet dar, wie die Energetik. Man weiss wohl, dass die einfache Zelle sich durch Theilung vermehrt und in den Tochterzellen sich derselbe Process wiederholt, der in der Mutterzelle vor sich gegangen war. Aber auf welchem Wege in den vielzelligen Organismen die einzelne Zelle dazu gelangt die Evolution des ganzen Organismus, nachdem sie aus demselben als Keimzelle ausgeschieden worden ist, zu wiederholen, ist bis jetzt noch nicht klargelegt worden. In Deutschland theilen sich die Embryologen in zwei Lager: die Präformisten, His, Roux und Weissmam, welche die Lehre von den organbildenden Keimbezirken vertreten, und andererseits die Anhänger der

*) Max Verworn: Allgemeine Physiologie, S. 558.

**) Ebendas. S. 556.

Epigenesislehre: Pflüger, Hertwig, Driesch und Häckel, die den äusseren Factoren bei der embryologischen Umbildung der Zelle die entscheidende Wirkung zuschreiben. In England hat Darwin seinerseits eine Pangenesistheorie aufgestellt.

Das einfachste Zellenelement im socialen Organismus ist die Person. Die höheren Nervenorgane, die den Menschen vom Thiere unterscheiden, sind ein Product des vom Urmenschen an in der Gesellschaft im Verlaufe der ganzen vorhistorischen und historischen Entwickelung vor sich gegangenen psychophysischen Energiewechsels. Jedes einzelne Individuum tritt in Folge dessen als Kind in einen höheren Gesellschaftsverband mit bereits vorhandenen, von den Vorfahren angeerbten Anlagen ein. Dasselbe geschieht gleichfalls mit jeder einfachen Zelle, die im Schoosse eines vielzelligen Organismus geboren wird. Beide bringen angeerbte Anlagen mit, wenn auch von ungleicher Energieanhäufung; beide müssen nach ihrer Geburt sich dem organischen Medium, zu dem sie gehören, anpassen, mit ihm in Wechselwirkung treten; sie werden durch die Reizwirkungen des Gesammtorganismus und seiner einzelnen Theile höher potencirt und in mannichfachster Weise differencirt. In beiden Fällen ist dieser Process seinem Wesen nach als ein Erziehungsprocess zu bezeichnen. Nun geht aber dieser Process in der Gesellschaft in weiteren Zeitabschnitten und in breiteren Raumverhältnissen vor sich. Somit könnte auch ein Vergleich des embryologischen Geschehens in der Organismenwelt mit dem, was in der Gesellschaft unter Erziehung im umfassendsten Sinne des Wortes verstanden wird, ein helles Licht auf das Gebiet des Entwickelungsmechanismus in der Physiologie werfen. —

Aus denselben Gründen könnte die sociale Organismenlehre auch der positiven Psychologie so manchen Dienst erweisen. Der sociale Energiewechsel schliesst sich den Ergebnissen der Innervation im individuellen Nervensystem unmittelbar an. Die Genesis des Fühlens, Denkens und Wollens im Individuum ist der des Zusammenfühlens, -denkens und -wollens im socialen Organismus vollständig homolog, daher auch das individuelle Nervensystem und dessen Reizwirkungen dem socialen Nervensystem und dessen Energiewechsel vermittelst directer und indirecter Reflexe analog sein muss. Durch die Unterbrechung der socialen Innervation bei indirecter Reflexwirkung wird der Energiewechsel im socialen Nervensystem aufgehalten und in zwei besondere Actionen gespalten, wodurch der sociale Process der Innervation dem Beobachter klarer und bestimmter veranschaulicht wird, als solches im individuellen Nervensystem und namentlich im Gehirn, der in einem beschränkten Raume Millionen von Zellen umfasst, der Fall ist. Wir haben schon oben bemerkt, dass die Reizübertragung von einer Ganglienzelle zur anderen in unserem Gehirn nicht auf substantiellem Wege, wie solches zwischen den anderen Zellen der Fall ist, sondern durch indirecte Berührung vor sich geht. Dieser Modus der Reizübertragung kann nur in Analogie der Wirkung der indirecten Reflexe im socialen Nervensystem erklärt werden. Daher muss auch die Psychologie in den Kreis ihrer Inductionen die sociale Organismenlehre einschliessen, um eine breitere Basis als vergleichende Wissenschaft zu gewinnen.

Nicht zu den geringsten Vorzügen der organischen Methode gehört die Auffassung der Gesellschaft als Zellenstaat, wodurch die Sociologie die Bedeutung einer Cellularsociologie erhält. Eine Cellularphysiologie und eine Cellularpsychologie sind noch im Entstehen begriffen. Der Sociolog beginnt also seinen Weg von dem Punkte, den zu erreichen jene Wissenschaften nur noch bestrebt sind. Der Sociolog könnte nun den Naturforschern und Psychologen die Erreichung des von ihnen ersehnten Zieles erleichtern indem er die Ergebnisse der Sociologie an die der Biologie anknüpft. — Unsererseits haben wir auch die sociale Pathologie als Cellularpathologie nach dem Vorgehen Virchow's aufgefasst.

Schon die Entdeckung der rein ökonomischen Gesetze hat den Werth derselben für die Biologie bewiesen. Das von Adam Smith auf ökonomischem Gebiete festgestellte Gesetz der Arbeitstheilung hat die Physiologen auf die Bedeutung desselben Princips für die Lebewesen aufmerksam gemacht. Darwin bezeugt, dass er die ersten Anregungen zu seiner Selectionstheorie durch das Werk von Malthus über das Bevölkerungsgesetz erhalten hat. Daher ist zu erwarten, dass durch die definitive Constituirung der Sociologie die Ergebnisse der sociologischen Forschungen eine noch nicht geahnte Bedeutung für die Naturkunde und speciell für die Biologie und die positive Psychologie, die als Theil der Biologie angesehen werden muss, erhalten werden.

Schliesslich muss auf die Erweiterung der Naturanschauung überhaupt in ihrem ganzen Umfange durch die Anknüpfung der Sociologie an die Naturkunde aufmerksam gemacht werden. Die Naturanschauung wird dadurch nicht blos an Breite, sondern auch an Tiefe gewinnen. Und jeder Gewinn an Tiefe in der Naturanschauung ist zugleich ein Gewinn für eine idealere Weltanschauung. Wir haben wiederholt auf die Bedeutung der organischen Methode nach dieser Richtung hin in unseren früheren Arbeiten hingewiesen und können auch den Leser hier nur auf dieselben verweisen.

Indem die organische Methode das Geschehen in der Gesellschaft und in der Natur unter einen gemeinschaftlichen Nenner zusammenfasst, trägt sie nicht blos zur Klärung, sondern auch zur Vereinfachung mancher Auffassungen nach beiden Seiten hin bei. Führen wir hier nur ein Beispiel an. Die Rechtsphilosophie entbehrt jetzt noch jeglicher natürlicher Grundlage. Von der Naturkunde theilt sie ein bodenloser Abgrund, den zu überbrücken sie bis jetzt ausser Stande gewesen ist. Indem nun die Sociologie, dank der Anwendung der organischen Methode, den Beweis liefert, dass das Rechtsleben im Staate den formbildenden Trieben in der Gesellschaft entspringt, die den morphologischen Energieen in den Einzelorganismen nicht blos analog, sondern auch homolog sind, so begründet sie nicht blos das ganze Gebiet der Rechtswissenschaften auf dem festen Boden der Naturkunde, sondern sie vereinfacht auch dadurch die Zugänge zu diesem Gebiete, die noch jetzt auf einem äusserst verwickelten und künstlich aufgeführten Bau logischer, ethischer und metaphysischer Postulate ruhen. Die in der Rechtssphäre hervortretenden Anomalieen sind ihrerseits, wie wir solches ausführlich auseinandergesetzt haben*), den histologi-

*) S. La Pathologie Sociale Capitel IV, V und VI.

schen Krankheitszuständen in den Einzelorganismen analog, gleichwie auch die ökonomischen den physiologischen und die politischen den vereinheitlichen Trieben und Tendenzen in den Einzelorganismen. Von dieser Seite eröffnet sich ein weites, noch unbearbeitetes Feld sociologischer Forschungen. —

In Deutschland ist die organische Methode in der Sociologie, so viel uns bekannt, nur von Schäffle, obgleich unter manchem Vorbehalt, in Anwendung gebracht worden*). Als der hervorragendste Vertreter dieser Methode in Frankreich muss René Worms anerkannt werden**). In England ist Spencer und seine Schule, wie wir gesehen haben, auf halbem Wege stehen geblieben. In Italien findet die organische Methode nur wenig Anklang.

Auf weitere litterärhistorische Ausführungen müssen wir verzichten, um nicht aus dem Rahmen, welchen wir uns in dieser Studie vorgezeichnet haben, hinauszutreten.

In unseren Betrachtungen sind wir geflissentlich jeglichem Wortstreit aus dem Wege gegangen. Der bekannte Satz: wo die Begriffe fehlen, dort stellt zur rechten Zeit ein Wort sich ein, könnte in Anwendung an die Kritiker aller Zeiten folgendermassen ausgedrückt werden: wo die Beweise fehlen, dort stellt sich zur rechten Zeit ein Wortstreit ein. Da nun aber Worte, sie mögen auch noch so inhaltsleer sein, doch immer noch so manche Verwirrung, namentlich auf wissenschaftlichem Gebiete, bewirken können, so dürfen wir uns der Aufgabe nicht entziehen, die Vertheidigung der organischen Methode in der Sociologie auch nach dieser Seite hin aufzunehmen. —

Ein heftiger Streit ist in letzter Zeit unter den Sociologen über die Frage entbrannt, ob der gesellschaftliche Verband als ein Naturorganismus oder als ein Superorganismus aufgefasst werden müsse.

---

*) Bau und Leben des socialen Körpers.

**) René Worms: Organisme et Société.

Mit dem Worte Superorganismus kann nun aber ein doppelter Sinn verbunden werden. — Fasst man die Gesellschaft als Superorganismus in dem Sinne auf, dass das sociale Geschehen nur eine höhere Potenz derselben Energieen darstellt, welche sich in der ganzen Organismenwelt kund thun, so wäre gegen eine solche Benennung auch vom Standpunkte der organischen Methode nichts einzuwenden. Man könnte mit ebenso viel Recht eine höhere Thierspecies als eine Superorganisation den niederen Thiergattungen und der Pflanzenwelt gegenüberstellen, wie auch das Nervensystem als eine Superorganisation im Vergleich mit dem Knochen- und Muskelsysteme bezeichnen. Fasst man jedoch diese Benennung nicht im relativen, sondern im absoluten Sinne auf, indem man dem socialen Geschehen eine der übrigen organischen Welt absolut verschiedene Gesetzmässigkeit zuschreibt, so spaltet man die Erscheinungswelt in zwei Hälften, die unter einander nichts Gemeinsames haben. Dann wird der Sociologie der feste Boden der Naturkunde entzogen und sie muss darauf verzichten für eine positive Wissenschaft zu gelten. Da nun aber die Superorganiker ausser Stande sind irgend welche Beweise für eine absolute Unterscheidung zwischen natürlichem und supersocialem Geschehen zu liefern, so arten ihre Gegensätze zu der organischen Lehre in ebenso viele Wortstreitigkeiten aus, die ihrer Natur nach sich als endlos erweisen, wie eine jede Bewegung im leeren Raume. —

Ebenso verhält es sich mit der von einigen Sociologen vorgeschlagenen Unterscheidung zweier Kategorieen von Energiepotencialen, durch welche dem socialen Geschehen ein doppelter Charakter verliehen wird. Ein jeglicher gesellschaftliche Verband soll nämlich, nach der Meinung dieser Sociologen, das Resultat einerseits von natürlichen Nothwendigkeiten sein und andererseits durch den freien Willen des Menschen bestimmt werden. Als natürliche Nothwendigkeiten werden dabei das physische Medium, die Nahrungsstoffe, die Schutzvorrichtungen, Zeugung, Wachsthum u. s. w. bezeichnet. Dagegen werden die socialen Beziehungen (les relations sociales nach der Terminologie der französischen und englischen Sociologen) durch entsprechende Bethätigungen des freien Willens einzelner oder aller Mitglieder des socialen Verbandes bestimmt. Auf dieser Anschauung beruht die ganze Lehre vom contrat social, als deren Hauptvertreter J. J. Rousseau angesehen werden muss. Wenn in dem einen Lande eine republikanische, in dem anderen eine monarchische Regierungsform eingeführt werden, wenn dort eine liberale Gesetzesbestimmung durch Abstimmung einer Volksversammlung oder eines Parlaments in Kraft tritt, hier durch den Willen des Monarchen eine Verordnung im conservativem Sinne als allgemein bindende Norm eingeführt wird, so geschieht solches, wie die Conventionalisten meinen, in Folge absolut freier individueller und socialer Willensacte, die durch keine Nothwendigkeiten beschränkt werden; wogegen die Befriedigung der physischen Bedürfnisse der Individuen, sowie die rein materiellen Processe im socialen Leben von nothwendigen Naturgesetzen beherrscht werden.

Suchen wir nun uns Rechenschaft darüber abzugeben, in wiefern das Individuum und die Gesammtheit als freie und inwiefern sie als durch Nothwendigkeiten gebundene Wesen erkannt werden müssen. —

Durch das Bedürfniss des Athmens ist der Mensch in unmittelbarste Abhängigkeit von der ihn umgebenden Atmosphäre gestellt; er kann nur äusserst kurze Zeit der Luft entbehren, auch für dieselbe kein Surrogat finden. Aber in Hinsicht auf die Nahrungsstoffe ist seine Wahlfreiheit schon eine grössere, eine noch grössere in Hinsicht auf alle Schutzvorrichtungen: Kleidung, Bauten, Waffen u. s. w. Der Umkreis der Selbstbestimmung erweitert sich noch für den Culturmenschen in Hinsicht auf Ortswechsel, Wahl und Erfindung der Productionsmittel, Austausch und Capitalisation von Werthgegenständen, Associationswesen u. s. w. Aber auch auf den höchsten Culturstufen wird die menschliche Freiheit insofern durch Naturnothwendigkeiten beschränkt werden, als zur Befriedigung nicht blos der physischen, sondern auch der psychischen Bedürfnisse des Menschen stets materielle Mittel nothig sein werden.

Andererseits ist das Individuum, sowie die Gesellschaft auch bei der Wahl und der Bestimmung der sogenannten relations sociales gleichfalls durch Nothwendigkeiten gebunden. Ein jeder gesellschaftliche Verband ist gezwungen sich hierarchisch zu constituiren, um zu einer Vereinheitlichung im Zusammenwirken aller seiner Theile zu gelangen; eine jede Gesellschaft, besonders wenn sie sich als selbstständiger Staat ausgebildet hat, bedarf nothwendig zu seiner Existenz einer Regierung, also Centralorgane, welche die Vereinheitlichung bewirken und vorstellen. Ein jedes Regierungsorgan kann seinerseits, wie die Gesellschaft selbst, nur aus Personen bestehen, und diese sind an nothwendige Existenzbedingungen wie jede menschliche Persönlichkeit und der ganze Staat gebunden. Worin besteht nun die Freiheit der Glieder einer Gesellschaft in Hinsicht auf die Wahl einer republikanischen oder monarchischen Regierungsform? Sie beschränkt sich auf die Bestimmung, ob das Centralorgan aus einer Vielheit von Personen oder aus einer einzelnen Person zu bestehen hat und auf die Wahl der Personen in einer Republik und einer Wahlmonarchie. Die Thätigkeitsäusserungen der Centralorgane, sobald sie in's Leben treten, werden ihrerseits wiederum durch mannichfache äussere und innere sociale Nothwendigkeiten bedingt. Eine jede Regierung ist gezwungen bei den von ihr getroffenen Maassnahmen die Beschaffenheit des Bodens, auf welchem die einzelnen Theile des socialen Nervensystems eingebettet sind, die von der Bevölkerung ererbten physischen und psychischen Anlagen, die historisch bereits präformirte typische Gestaltung der socialen Gewebe und Organe, die bereits erreichte culturelle Entwickelungsstufe u. s. w. zu berücksichtigen. Dasselbe hat seine volle Gültigkeit auch in Betreff aller Thätigkeitsäusserungen, die im Schoosse der Gesellschaft überhaupt, vor sich gehen. Könnte man einen Querschnitt in irgend welcher Richtung durch einen beliebigen socialen Körper thun, so würde man sich des Vorhandenseins der beiden Factoren, der Freiheit und der Nothwendigkeit, in allen Sphären des socialen Lebens überzeugen; nur das Verhältniss zwischen Freiheit und Nothwendigkeit würde in den verschiedenen Sphären sich als ein wechselndes erweisen. Nun ist es gerade die Aufgabe der Sociologie, als reiner Wissenschaft, die Nothwendigkeiten des socialen Geschehens, mit anderen Worten den nothwendigen Kausalzusammenhang der socialen Erscheinungen zu erforschen; wogegen die Bestimmung darüber, wie der freie

Wille des Menschen sich inmitten dieser Nothwendigkeiten zu bewegen hat, wie er den Kausalzusammenhang des socialen Geschehens ausnutzen soll um zweckmässig zu handeln und höhere Entwickelungsstufen zu erreichen, dem Staatsmann, im umfassendsten Sinne des Wortes, obliegt und den Gegenstand der Socialkunstlehre bildet. —

Es sei hier nur noch bemerkt, dass in den meisten Fällen der einzelne Mensch sich Illusionen über das Maass der ihm zustehenden Freiheiten macht; er fühlt oft nicht die zahlreichen Bande, durch die er an die Gemeinschaft gebunden ist durch Abstammung, Familienverhältnisse, Stellung, Beruf, religiöse Vorschriften u. s. w. Man vergesse eben nicht, dass ein jedes Individuum in eine bereits fertige Gemeinschaft hineingeboren wird, und dass eine jede Gemeinschaft ein Product historischen Geschehens ist, welches nicht blos durch Willensacte und Zufälligkeiten, sondern auch durch eine Fülle von Nothwendigkeiten in mannichfachster Weise bedingt worden ist. — Würden keine sociale Nothwendigkeiten obwalten, wie wäre es zu erklären, dass in vollständig von der übrigen Welt abgeschiedenen Culturcentren, wie z. B. im Aztekenstaat und Inkareich, dieselben staatlichen Typen an den Tag getreten sind, wie sich solche zu allen Zeiten in der alten Welt gestaltet haben. Das Aztekenreich war eine auf feudaler Grundlage fussende Wahlmonarchie, wie das frühere Polen, und das Inkareich eine auf demokratischer Grundlage aufgebaute unumschränkte Monarchie, wie das heutige China. Es giebt nur zwei reine Typen von Regierungsformen: Republik und Monarchie, sowie auch die ganze Erscheinungswelt uns entweder als Einheit oder Vielheit entgegentritt. Die übrigen Staatenbildungen stellen nur Zwischenformen dar, von denen die einen sich mehr der republikanischen, die anderen mehr der monarchischen Verfassung nähern. Die Azteken und die Inkas konnten nicht anders, als eine Wahl zwischen den einzelnen, durch die Gesetze des socialen Wachsthums vorgeschriebenen Regierungsformen wählen. Desgleichen hatten sich die ökonomischen und Rechtsverhältnisse in jenen beiden Reichen ihrem Wesen nach nach denselben Normen gestaltet, wie solche auch die alte Welt früher gekannt hatte und noch jetzt in verschiedenen

Ländern verwirklicht. Die Azteken und Inkas ahmten Niemandem nach, sondern gehorchten unausweichlichen Nothwendigkeiten des socialen Geschehens. Einer solchen Nothwendigkeit folgen auch alle religiösen Gemeinschaften, alle wirthschaftlichen Associationen, alle irgend welche gemeinsamen Zwecke verfolgende Vereine, so unstätt und wandelbar auch die Formen, die sie annehmen, sein mögen. Und solches geschieht aus dem Grunde, weil sie entweder selbst im Keime begriffene Staaten darstellen oder Bruchtheile von Staaten bilden, deren inneren Bau sie abgekürzt, mit allen wesentlichen Factoren reproduciren*). Es steht dabei jedem Individuum, jeder Gemeinschaft, sowie jeder Staatsgewalt frei zweckgemäss oder zweckwidrig zu wirken; aber sie werden nicht den nothwendigen Folgen entgehen können, die ihre Handlungsweise nach sich ziehen muss. Im ersten Falle wird das Individuum und die Gemeinschaft in ihrer Entwickelung fortschreiten, höhere Culturstufen erreichen, im letzten Falle wird ihre Bewegung nothwendig eine rückschreitende sein, verschiedene pathologische Erscheinungen, Desorganisation, und schliesslich den Tod nach sich ziehen.

Dieselbe unlösbare Verknüpfung zwischen Freiheit und Nothwendigkeit thut sich auch im Ameisen- und Bienenstaat kund, nur ist in denselben ein sehr viel engerer Spielraum der Freiheit, in Folge der niedrigen Entwickelungsstufe dieser Staatenbildungen, angewiesen. Der Ameisenstaat ist eine Republik, der Bienenstaat muss als eine Monarchie angesehen werden. Die Bienenkönigin wird gewählt und zur Ausübung ihrer Functionen erzogen. Die Wahl kann auch eine unglückliche sein, wie in jeder Wahlmonarchie. Ein Irrthum kann aber nur obwalten wo Freiheit, sie mag auch noch so beschränkt sein, vorhanden ist. Das Thier kann sich auch als Individuum, gleichwie der Mensch, in der Wahl seiner Nahrung, seines Wohnsitzes, seines Weibchens, seiner Vertheidigungs- und Angriffsmittel irren. Es geniesst also auch nach dieser Richtung einer gewissen Freiheit, obgleich ihr engere Grenzen gezogen sind als dem Menschen, besonders aber dem Culturmenschen.

*) S. meine Studie: Ya-t-il une loi de l'évolution des formes politiques? in dem Bd. II der Annales de l'Institut international de Sociologie.

Aus dem Vorhergesagten folgt nun, dass die Unterscheidung der Thätigkeitsäusserungen des Individuums und des socialen Organismus in zwei Kategorieen, von denen die eine durch nothwendige Naturgesetze und die andere durch den freien Willen des Menschen bestimmt werden, jeden realen Inhalts entbehrt; es ist eine nur auf Wortbestimmungen begründete Classification, die dadurch auch nur zu Wortstreitigkeiten Veranlassung geben kann. Der contrat social war eine historische Hypothese, wie das goldene Zeitalter und andere Utopieen. Auf solchen Hypothesen darf eine positive Wissenschaft ihre Forschungen nicht begründen. —

Zu den auf inhaltsleere Wortbestimmungen zurückzuführenden Classificationen der socialen Erscheinungen müssen überhaupt alle diejenigen zugezählt werden, die nicht den in der Biologie bereits festgestellten Kategorien entsprechen. Ein solches Verfahren führt stets zur Lostrennung der Sociologie von ihrer natürlichen Basis, der Biologie und der positiven Psychologie. Alle socialen Energieen müssen, bei Anwendung der organischen Methode, in ihrer Bedeutung als Potenzen der biologischen Energieen, erforscht werden; sie einer anderen Classification als dieser zu unterziehen, könnte nur Verwirrung bei der Durchführung von Analogieen zwischen dem socialen und organischen Geschehen nach sich ziehen. Wir haben unserseits die socialen Erscheinungen und Bethätigungen unter drei Kategorieen zusammengefasst: die ökonomischen, juridischen und hierarchisch-politischen. Diese Kategorieen entsprechen einerseits der Eintheilung der Biologie in Physiologie, Morphologie und Tektologie (Anthropologie, Zoologie, Botanik), andererseits den jetzt bereits bestehenden speciellen Disciplinen, welche die Gesellschaft zu ihrem Gegenstande haben: Nationalökonomie, Rechtswissenschaft, Politik (Staatswissenschaft im engeren Sinne). Vermittelst dieser Classification knüpft die Sociologie eine jede dieser Disciplinen an die entsprechende biologische Erscheinungssphäre und weist sie auf den natürlichen Boden hin, dem sie erwachsen ist. Der jetzt auf sociologischem Gebiete herrschende Wirrwarr wird nur dann ein Ende nehmen, wenn die behufs Erforschung des socialen Geschehens vorgeschlagenen Classificationen biogenetisch begründet sein werden. Im entgegengesetzten Falle werden sie nur zu endlosen Wortstreitigkeiten führen, wie solche auch jede nur auf inhaltsleeren Wortbestimmungen begründete Terminologie nach sich zieht. —

Auch die neu aufgetauchte Lehre vom geschichtlichen Materialismus kann Veranlassung zu vielfachen Wortstreitigkeiten geben. — Der sociale Energiewechsel wird stets, wie wir solches bereits bewiesen haben, von mechanischen und chemischen Auslösungen und Neubildungen materieller Bestandtheile sowohl im individuellen als auch im socialen Nervensystem begleitet. Es kann daher von einer Oekonomie des socialen Nervensystems in demselben Sinne die Rede sein, wie von einer Physiologie des individuellen Nervensystems und speciell des menschlichen Gehirns. Die Anhänger des geschichtlichen Materialismus fassen aber die Oekonomie des socialen Geschehens nicht in einem so umfassenden Sinne auf, denn sonst würde ihre Lehre mit der der Organiker zusammenfallen. Unter socialer Oekonomie verstehen die Geschichtsmaterialisten das wirthschaftliche Leben im engeren Sinne, nämlich die Aneignung, Production, Vertheilung und Consumtion von Gütern, die vorzugsweise dazu bestimmt sind, den physischen Bedürfnissen Befriedigung zu gewähren und unter dem allgemeinen Begriffe von Nährstoffen und Schutzvorrichtungen zusammengefasst werden. Nun können aber Nahrungsstoffe und Schutzvorrichtungen im socialen, wie auch im individuellen Organismus nicht unmittelbar Reflexe produciren, sondern müssen, nachdem sie vom Individuum assimilirt worden sind und das Individuum sich denselben angepasst hat, zuvor in psychische Energieen umgewandelt werden. Wie weit aber der Weg von der Assimilirung der Nährstoffe bis zur Ausbildung derjenigen Nervenorgane abliegt, die als die materiellen Träger der höheren psychischen Energieen anzusehen sind, geht daraus hervor, dass diese Organe, dem socialembryologischen Gesetze gemäss, im Individuum nur nach Recapitulirung der ganzen vorhergehenden psychischen Entwickelungsgeschichte seiner Vorfahren zur vollen Reife gelangen. Die tieferen Motive des Fühlens, Denkens und Wollens eines jeden Individuums liegen also in ungeheurer Ferne von dem, was er isst oder was seine Vorfahren gegessen haben.

Jene höheren Nervenorgane sind ein Resultat des socialen Lebens, ein Product der Reflexwirkung des socialen Nervensystems. Sprache und Kunst, die ihrem Wesen nach auch nichts Anderes, als ein veranschaulichtes Sprechen ist, bilden die Mittel, durch welche der Energiewechsel im socialen Nervensystem vor sich geht. Dieses lebt und wirkt, entwickelt und differencirt sich nur in Folge ununterbrochener Auslösungen und neuer Aufspeicherungen von Energiepotencialen seitens der Individuen und letztere werden ihrerseits wiederum durch die im socialen Nervensystem vor sich gehenden Reflexe zur Thätigkeit angeregt. Als das Hauptmittel, durch welches auf dem Wege der Reflexe das Zusammenfühlen, -denken und -wollen der Menschen bewirkt wird, ist, wie gesagt, die Sprache. Daher glauben wir berechtigt gewesen zu sein, die Thesis aufzustellen: der Mensch ist als Culturwesen zu dem geworden, was im Verlaufe der Geschichte der Menschheit gesprochen worden ist. Die menschliche Cultur in ihrer Gesammtheit kann daher ebenso wenig als Resultat des wirthschaftlichen Geschehens wie die höheren Anlagen des Individuums als unmittelbares Product der Nahrungsstoffe anerkannt werden. Man müsste gerade das Gegentheil behaupten, nämlich dass das wirthschaftliche Leben, zum wenigsten was Form und Culturstufe anbetrifft, durch die individuellen und socialen Energiepotencialen bestimmt wird. So lange Australien nur von Australnegern bewohnt war, erhob sich das wirthschaftliche Leben dort nicht über das Niveau des Urmenschen. Es erreichte die jetzige Culturstufe nur in Folge der psychischen Energieen über die die europäischen Ansiedler verfügten. Und auf demselben Wege ist die Cultur zu allen Zeiten vorgeschritten*). —

---

*) Hr. L. Stein stellt wiederholentlich, in seiner Kritik der organischen Methode, der mechanischen und chemischen Nothwendigkeiten unmittelbar die ethischen Imperative entgegen, die als Norm für das sociale Geschehen dienen sollen. Zwischen diesen Normen und jenen Nothwendigkeiten, welche die anorganische Natur beherrschen, liegt aber das grossartige Gebiet der biologischen Nothwendigkeiten und um diese handelt es sich gerade in der positiven Sociologie. Letztere ist weit davon entfernt, das ganze sociale Geschehen mechanisch oder chemisch erklären zu wollen, da sogar die einfacheren Lebensprocesse in der Natur nicht auf die ausschliessliche Wirkung mechanischer und chemischer Kräfte zurückgeführt werden können. Nun sagt der Hr. Ver-

Schliesslich wäre noch Folgendes hervorzuheben:

Die organische Methode in der Sociologie ist keine neue Erfindung. Der Stifter der christlichen Religion hat sie in seinen herrlichen Gleichnissen bereits in Anwendung gebracht. Indem Jesus sein sociales Ideal durch Beispiele aus der Organismenwelt erläuterte, legte er den Grund zur positiven Sociologie. Würden seine Gleichnisse nur Allegorieen und rhetorische Figuren darstellen, so hätte ihre Wirkung keine so ergreifende und tiefgehende sein können. Jesus hat die Erscheinungswelt nicht als schwärmerischer Bewunderer von Naturschönheiten betrachtet, sondern als tiefblickender Erkenner der in allen Naturerscheinungen sich kundthuenden weisen Gesetzmässigkeit und ihrer unlösbaren Verknüpfung mit dem socialen Geschehen. Die christliche Theologie hat dieses ursprünglich intuitive Erkennen weiter durchgeführt, indem sie die Kirche als den erweiterten Leib Christi, als ein mit höheren Or-

---

fasser: „Da die kirchlichen Imperative immer mehr zu verblassen die Tendenz zeigen und auch die staatlichen ihre frühere Consistenz bedenklich eingebüsst haben, so muss die Sociologie ihr Absehen darauf richten, eine Normwissenschaft zu werden, d. h. teleologisch motivirte Imperative zu formen" (S. 33). Die socialen Imperative fasst der Hr. L. Stein in seinem Werke: Die sociale Frage im Lichte der Philosophie (S. 705) schliesslich in der Formel zusammen: „Handle so, dass du in jeder deiner Handlungen nicht blos dein eigenes, sondern zugleich das Leben deiner Mitmenschen bejahst, insbesondere aber das der künftigen Geschlechter sicherst und hebst." Ob diese allgemeine Formel die Zehn Gebote und die Bergpredigt ersetzen könne, ist sehr fraglich. Aber es handelt sich hier zuvörderst um die Frage: gehört es zur Aufgabe der Sociologie, solche Normen zu bestimmen und sich an die Stelle der Religionslehre und der Moral zu setzen? — Die Folge davon wäre, dass die Sociologie sich den Charakter einer religiösen und moralischen Wissenschaft anlegen würde. Es giebt nun wohl eine Wissenschaft der Religionen, eine wissenschaftliche Ethik, aber eine religiöse oder moralische Wissenschaft wären Undinge. Die Benennung selbst schliesst bereits einen inneren Widerspruch in sich. Wenn der tieferblickende Organiker schliesslich zu denselben Imperativen, wie solche in den Zehn Geboten, in der Bergpredigt, ja, in der Formel des Hrn. L. Stein enthalten sind, gelangt, so geschieht solches auf dem Wege der Forschung biologischer Nothwendigkeiten und nicht in der Ausübung eines Apostelamts oder einer Moralpredigt.

Was die Zwecknothwendigkeit, die der Hr. Verfasser als Ausgangspunkt für die sociale Normwissenschaft anerkannt wissen will, betrifft, so bemerken wir unserseits, dass nicht blos die menschlichen Gesellschaften, sondern auch die ganze Organismenwelt bestimmte Zwecke verfolgt. Woher ganen und Gaben begnadigtes Individuum, als einen durch höher potencirte psychische Energieen belebten realen Organismus aufgefasst hat. Wir haben in unserer „natürlichen Theologie" den Versuch gemacht, den Parallelismus zwischen der christlichen Lehre und den Ergebnissen der positiven Sociologie nach dieser Richtung hin zu beleuchten. Wir haben solches zu unternehmen gewagt in der Ueberzeugung, dass die christliche Lehre nur dann in ihrer vollen Bedeutung und Tiefe wird erfasst werden können, wenn sie auch auf wissenschaftlichem Gebiete wird als Wahrheit anerkannt werden.

Den pädagogischen und erzieherischen Werth der organischen Methode haben wir in unserer Socialen Pathologie*), sowie in un-

---

sollte bei solcher Bewandtniss die Biologie, gleich der Sociologie, nicht auch eine Normwissenschaft werden? Dient sie doch nicht blos an und für sich, sondern auch in ihrer Anwendung, als Kunst, bestimmten Zwecken (Hygiene, Therapie, Psychiatrie, Land- und Forstwirthschaft, Geflügel- und Viehzucht, Garten- und Obstbau etc.). Damit aber die Ausübung dieser Künste möglich sei, müssen zuvörderst die biologischen Gesetze ergründet und festgestellt sein und das ist Sache der Wissenschaft. Ganz ebenso giebt es eine Socialkunstlehre (Finanz- und Staatswirthschaftslehre, Jurisprudenz, Diplomatie, Kriegskunde etc.) und da das Zweckmässigkeitsprincip im socialen Organismus, seiner höheren Natur wegen, stärker hervortritt, so hat auch das sociale Können dem Müssen gegenüber einen freieren Spielraum; aber es ist dennoch an biologische Nothwendigkeiten gebunden und solches aus dem Grunde, weil die menschliche Gesellschaft nicht blos eine ideale Organisation darstellt, sondern ein realer Organismus ist. Da zum Wesen jeglicher Wissenschaft die Erforschung der nothwendigen Gesetzmässigkeit der Erscheinungen gehört, so ist es gerade die Aufgabe der Sociologie, die biologischen Nothwendigkeiten des socialen Geschehens zu ergründen und festzustellen. In dem Maasse als die Sociologie die socialen Zwecke zum Gegenstande ihrer Forschungen erwählt, verliert sie daher ihren rein wissenschaftlichen Charakter und verwandelt sich in eine Staatskunstlehre. Als solche macht sie alsdann auch Ansprüche die Moral und sogar die Religion zu ersetzen, wie solches mit St. Simon und Aug. Comte der Fall war. Die Organiker ihrerseits erheben keine Ansprüche für Staatskünstler zu gelten. Sie beschränken sich darauf, die Gesetzmässigkeit des socialen Geschehens zu erforschen. Möge alsdann die Socialkunstlehre die Ergebnisse ihrer Forschungen zu den ihr vorgezeichneten Zwecken verwenden.

*) S. 298 u. f.

serer Graphischen Methode in der Sociologie*) ausführlich hervorgehoben. Jeglicher, der durch Schule und Erziehung zum klaren Bewusstsein gelangt, dass die menschliche Gesellschaft ein lebendiges Individuum ist, wird die Pflichten, die ihn an die Gemeinschaft binden, tiefer, wahrhafter und umfassender empfinden und ausüben, als derjenige, für den der Staat mit seiner hierarchischen Organisation nur eine allegorische Figur darstellt ohne innere reale Wesenseinheit. Jedermann, der das sociale Geschehen als einen vereinheitlichten Lebensprocess auffasst, wird eine klarere Vorstellung vom socialen Müssen, Sollen und Können erlangen, als derjenige, der sich nur um fragmentarische Kenntnisse auf sociologischem Gebiete beworben hat oder nur zu einseitigen Anschauungen, ökonomischen, juridischen oder politischen, gelangt ist. Es kann auch nur derjenige Staatsmann schöpferisch wirken, der das ihm anvertraute Gemeinwesen nicht als einen abstracten Begriff, sondern als einen realen, durch gesetzmässig wirkende psychophysische Energieen belebten Organismus behandelt.

Wir haben eben angeführt, dass theologisch die christliche Kirche als erweiterter Leib Christi und daher als ein von einer lebendigen Wesenseinheit durchdrungener realer Organismus aufgefasst wird, daher denn auch die Glieder der kräftiger zusammengefügten und einheitlicher constituirten Kirchengemeinschaften, wie die katholische und griechische, sich ihrer Solidarität mit der Gesammtheit fester und klarer bewusst sind, als die Glieder loser aufgebauter religiöser Gemeinschaften und die Angehörigen eines Staates. Nicht blos der ideale Charakter der christlichen Lehre, sondern auch der reale Aufbau der christlichen Kirchen, führt zu diesem Ergebniss. Eine Idee erhält nur dann einen socialen Werth, wenn sie in's Fleisch und Blut einer bestimmten Zahl von Individuen übergeht, wenn sie sich im socialen Nervensystem incarnirt. Ein jedes Ideal muss sich in höheren individuellen Energiepotencialen und in höheren Formen des socialen Lebens ausprägen, um als ein sociales anerkannt zu werden. Auch jeder Staat verfolgt seinerseits ideale Zwecke, aber er stellt zugleich einen Körper, ein

*) Bd. III der Annales de l'Institut international de Sociologie, S. 86.

System von mechanisch, chemisch, physiologisch und psychophysisch wirkender Energieen dar, und die Erforschung dieses Geschehens bildet gerade den Gegenstand der positiven Sociologie, wobei die organische Methode ihr als sicherer Leitfaden auf den unendlich verschlungenen Wegen des socialen Werdens dienen soll. Die positive Sociologie bezweckt also das wissenschaftlich zu beweisen und den Geistern durch Schule und Lehre einzuprägen, was die christliche Lehre bereits als Wahrheit anerkannt hat.

Die genialen Gesetzgeber und Volksführer aller Zeiten: Lykurgos, Solon, Numa, Karl und Alfred, Peter und Friedrich die Grossen fühlten sich alle als Energiecentren lebendiger Collectivwesen, die sie neu zu organisiren oder organisch umzugestalten berufen waren. Sie waren also alle, dem Wesen ihrer Thätigkeit nach, Organisatore. Wären sie nur Oekonomisten, Juristen oder Politiker gewesen, 'so würden sie als einseitig wirkende Specialisten auf keine staatsmännische Genialität Anspruch erheben dürfen. Hätten sie in ihrem Wirken nur die Gegenwart berücksichtigt und nicht die ganze vorhergehende Evolution der Gesammtheit als einer realen Individualität aufgefasst, sowie auch ihren zukünftigen organischen Entwickelungsgang durchschaut, so hätten sie nichts Lebensfähiges geschaffen, sondern nur flüchtige Begebenheiten oder ephemäre Umgestaltungen hervorgerufen. Die Sociologie ruft die Wirklichkeit des socialen Geschehens in's klare Bewusstsein, wie solche von jeher den hervorragendsten Geistern stets unbewusst oder halbbewusst vorgeschwebt hat. Auch die Naturkunde kann nur das erforschen, was die Erscheinungswelt ihr bietet und was als Object jeglichem Erkennen und Wirken des Menschen stets gedient hat. Die jetzigen Organiker sind Organisationslehrer wie die leitenden Staatsmänner aller Zeiten praktische Organisatore waren.

Eine positive Wissenschaft ohne Object ist ein Unding. Soll die Sociologie die menschliche Gesellschaft als Gesammtheit erforschen, so muss sie vor Allem den realen Charakter der Gesammtheit anerkennen. Der Sociologie ist mit Recht die Würde einer selbstständigen Wissenschaft abgesprochen worden, so lange ihr das eigentliche Object ihrer Forschung fehlte. Dank der organischen

Methode ist dieses Object, die reale Individualität des Menschenstaates, entdeckt worden und in's Bewusstsein, wenn auch einer nur geringen Zahl von Forschern getreten. Mit der Verläugnung dieses Objects verläugnet die Sociologie sich selbst als selbstständige Wissenschaft. Es kann dann keine Sociologen, sondern nur Anthropologen, Ethnographen, Oekonomisten, Rechtslehrer, Culturhistoriker geben. Da aber unter diesen einige durchaus für Sociologen gelten wollen, so sind in letzterer Zeit solche Zwitterwissenschaften entstanden, wie Anthroposociologie, Ethnosociologie, Rechtssociologie, Socialökonomik, Socialphilosophie der Geschichte etc. aufgetaucht. Damit solche Zwischendisciplinen auf Existenzberechtigung Anspruch machen dürften, ist jedoch vor Allem die Existenz einer Sociologie mit Anerkennung ihres Objectes, des Menschenstaates, nothwendig. Jene halben Sociologen erkennen aber dem Menschenstaate keine Individualität zu, sondern nur den Personen, aus welchen er besteht, und allenfalls noch der menschlichen Gattung. Sie vergessen aber dabei, dass auch eine jede Person nur ein Collectivwesen ist, das aus Zellen besteht, die Zellen ihrerseits aus Molekülen und diese aus Atomen, deren Existenz bis jetzt noch kein Naturforscher hat constatiren können. Mit demselben Rechte wie die Individualität des Staates könnte man daher auch die Individualität jeder einzelnen Person, ja sogar jeder Zelle und jedes Moleküls negiren. Die Verneinung der Individualität des Menschenstaates hat zur Folge, dass alles sociale Geschehen nur als Begriffsbestimmung aufgefasst wird und dass die sociologische Terminologie und die Classificationen der socialen Erscheinungen nur auf Begriffe zurückgeführt werden. Diese Begriffe werden schliesslich als Realitäten anerkannt und erhalten die Bedeutung von Idolen, die Bacon als diejenigen impedimenta bezeichnet, die den Weg zu jeglicher objectiven Forschung versperren. Eine Polemik zwischen einem Organiker und solchen subjectiven Sociologen ist ebenso fruchtlos, wie zwischen einem Naturforscher und einem Metaphysiker. Erster steht auf festem Boden und erforscht das Werden der Erscheinungen Schritt vor Schritt vom einfacheren zum mannichfaltigeren vorgehend. Der subjective Sociolog und der Metaphysiker schweben in einem luftleeren Raume auf den Schwingen abstracter Begriffe. Solcher Schwingen bedarf wohl der Dichter und der Künstler; der Forscher muss aber darum stets beflissen sein, den festen Boden unter den Füssen nicht zu verlieren. Und für den Sociologen ist dieser feste Boden die Naturkunde. Daher schliessen wir mit dem Satze, den wir bereits am Anfange dieser Studie angeführt hatten: Sociologus nemo nisi biologus.

FSC
www.fsc.org
MIX
Papier | Fördert
gute Waldnutzung
FSC® C083411

Kolibri 360 GmbH
Ferdinand-Jühlke-Straße 7
99095 Erfurt, Deutschland
produktsicherheit@kolibri360.de